इतिहास और आलोचक-दृष्टि

इतिहास और आलोचक-दृष्टि

प्रो. रामस्वरूप चतुर्वेदी

भूतपूर्व अध्यक्ष

हिन्दी-विभाग, इलाहाबाद विश्वविद्यालय

प्रयागराज

लोकभारती प्रकाशन

लोकभारती प्रकाशन
पहली मंजिल, दरबारी बिल्डिंग, महात्मा गाँधी मार्ग
इलाहाबाद-211 001
वेबसाइट : www.lokbhartiprakashan.com
ईमेल : info@lokbhartiprakashan.com
शाखाएँ : 1-बी, नेताजी सुभाष मार्ग, दरियागंज
नई दिल्ली-110 002
अशोक राजपथ, साइंस कॉलेज के सामने
पटना-800 006 (बिहार)
1, अनमोल सोराबजी संतुक लेन, मरीन लाइंस
मुम्बई-400002

मूल्य : ₹ 295

प्रथम संस्करण : 1982
तृतीय संस्करण : 2024

आस्था पेपर कन्वर्टर
प्रयागराज द्वारा मुद्रित

ITIHAS AUR ALOCHAK-DRISHTI
by Ramswarup Chaturvedi

ISBN : 978-81-8031-790-3

आलोचक और इतिहासकार
रामचन्द्र शुक्ल की
पुण्य-स्मृति में
जिनका इतिहास अपने में रचना है।

अनुक्रम

आमुख

(भावी इतिहासकार की प्रतीक्षा)

•

हजारीप्रसाद द्विवेदी : 'हिन्दी साहित्य की भूमिका' : "...यह पुस्तक हिन्दी साहित्य का इतिहास नहीं है और न यह ऐसे किसी इतिहास का स्थान ही ले सकती है। आधुनिक इतिहासों को यह अधिक स्पष्ट करती है और भविष्य में लिखे जानेवाले इतिहासों की मार्गदर्शिका है।"

(प्रकाशक की ओर से)

नगेन्द्र : "गुण और परिमाण में समृद्ध, निरन्तर विकासशील हिन्दी साहित्य का परिपूर्ण इतिहास तो कोई एक कृती लेखक ही लिख सकता है; परन्तु उसके अभाव में यह संकलन-ग्रन्थ भी शायद, कुछ सीमा तक, रिक्तिपूर्ति कर सके, ऐसी आशा करना बहुत अनुचित न होगा।"

('हिन्दी साहित्य का इतिहास' : निवेदन)

नन्ददुलारे वाजपेयी : "यदि नये साहित्य के किसी मर्मज्ञ और युगद्रष्टा इतिहास-लेखक के हाथों में नये इतिहास की रचना करने में ये रंचमात्र भी सहायक हो सकें, तो यह इनका चरम लाभ होगा।"

('आधुनिक साहित्य' : भूमिका)

रामविलास शर्मा : "इस अधूरे रेखाचित्र की सार्थकता इस कारण है कि अभी भारतेन्दु-युग का अलग से कोई इतिहास लिखा नहीं गया। उसके अनेक महारथियों पर अलग-अलग पुस्तकों की गुंजाइश है। जब तक यह सब नहीं होता तब तक

हिन्दी साहित्य का विकास-क्रम समझने के लिए इतने ही से सन्तोष करना होगा।''

('भारतेन्दु-युग और हिन्दी भाषा की विकास परम्परा' : प्रथम संस्करण की भूमिका)

देवराज : ''हिन्दी में ऐसे आलोचकों की कमी है जो रस और संस्कृति दोनों की सम्मिलित दृष्टि से साहित्य को परखें। शुक्ल जी में रस-दृष्टि की प्रधानता थी, प्रगतिवादी केवल सांस्कृतिक बल्कि उपयोगी पक्ष को लेकर चलते हैं। उभय दृष्टि-सम्पन्न समीक्षकों के एक ऐसे दल की बड़ी आवश्यकता है जो एकांगी वादों से ऊपर रहें और वादों के झगड़े में मध्यस्थ बन सकें। ऐसे आलोचकों के पास जाते किसी कृती कलाकार को भय या आशंका न होगी। इस मत के आलोचकों से परिचय करने में प्रस्तुत लेखक को प्रसन्नता होगी।''

('छायावाद का पतन' : निवेदन)

नामवर सिंह : ''जिस प्रकार सामाजिक इतिहास में विविध सत्ताधारी वर्गों का उत्थान-पतन होता गया, लेकिन आधारभूत जनता कभी खुल रूप में और कुछ चुपचाप अपने अधिकारों के लिए लड़ती चली आ रही है, उसी तरह हिन्दी साहित्य की मूल धारा हिन्दी-जनता के सतत संघर्ष की कहानी है। भावी इतिहास के निर्माता को साहित्यिक इतिहास के इस जीवन्त नैरन्तर्य पर काफ़ी ज़ोर देने की जरूरत है, साथ ही यह भी बताने की जरूरत है कि यह अनन्त और निरुद्‌देश्य नहीं है।''

('इतिहास का नया दृष्टिकोण' : 'आलोचना' इतिहास विशेषांक-1952)

रामचन्द्र शुक्ल का 'हिन्दी साहित्य का इतिहास' (1929 ई0) अब 'कामायनी' या 'गोदान' की तरह एक रचना है। उस समूची कृति से टकराया जा सकता है; उसमें काल-विभाजन और नामकरण के छोट-मोटे संशोधन उपस्थित करना निरर्थक है। आचार्य शुक्ल के बाद अलग-अलग युगों के इतिहास लिखते, या न लिख पाने का कारण बताते हुए, आलोचक इतिहासकारों ने भावी इतिहासकार की सहायता के लिए सामग्री प्रस्तुत की है, ऐसा उन्होंने संकेत दिया है। उनके विशेष अध्ययन-क्षेत्रों पर प्रस्तुत ग्रन्थ की टिप्पणियाँ उस भावी इतिहासकार की सहायता करेंगी, या उसे परेशान करेंगी, यह पूर्वोक्त करना आज कठिन है। यह संक्षिप्त सामग्री उस इतिहासकार के अवतरण तक बची और संरक्षित रहेगी, ऐसा मानना भी एक तरह का अहंकार है, जो इतिहास में न जाये तो यही काम्य है।

साहित्य का इतिहास लिखना बड़ा, व्यवस्थित और महत्त्वाकांक्षी कार्य है। पिछले समीक्षकों और इतिहासकारों की व्याख्याओं से सहमत-असहमत होना अपेक्षाकृत आसान है। इस पुस्तक में स्पष्ट ही आसान रास्ता अपनाया गया है। इस आसान रास्ते की अपनी मुश्किलें हैं, वह अलग बात है।

6 मई, 1982

--रामस्वरूप चतुर्वेदी

मध्यकाल : आचार्य शुक्ल और आचार्य द्विवेदी की व्याख्या

मध्यकालीन शब्द अपने प्रयोग में धीरे-धीरे कालवाचक के साथ-साथ मूल्यवाचक भी बन गया है। हिन्दी साहित्य के प्रसंग में एक रोचक अन्तर्विरोध यह है कि मध्यकालीन साहित्य जहाँ अपने में उत्कृष्ट माना जाता है वहाँ मध्यकालीन दृष्टि पिछड़ी हुई और प्रतिक्रियावादी समझी जाती है। आचार्य हजारीप्रसाद द्विवेदी, जिनका मुख्य कृतित्व किसी-न-किसी रूप में मध्यकाल से जुड़ा रहा, अपने कृतित्व में तो वरेण्य हैं ही, अपनी दृष्टि में भी प्रगतिशील बने रहे। यों उन्होंने अपने ढंग से उपर्युक्त अन्तर्विरोध का शमन किया। छोटे-बड़े अनेक अन्तर्विरोधों को अपने में समोये और शमित रखना एक असाधारण व्यक्तित्व का लक्षण है। हजारीप्रसाद द्विवेदी इस रूप में पण्डित और प्रोफेसर, नये तथा पुराने, कृतिकार तथा शोधक साथ-साथ थे। तब यह स्वाभाविक ही था कि उन्होंने मध्यकालीन बोध को आधुनिक दृष्टि से व्याख्यायित किया।

'हिन्दी साहित्य की भूमिका' (1940) जो आचार्य द्विवेदी की आरम्भिक यद्यपि कि सबसे तेजस्वी समीक्षा कृति मानी जाती है, मूलतः हिन्दी साहित्य के मध्यकाल की खोज है। समीक्षक यहाँ दिखाना चाहता है कि मध्यकाल की भक्ति रचनाएँ, विशेषतः सन्त-काव्य, भारतीय चिन्ताधारा का स्वाभाविक विकास है। 'भूमिका' की निश्चित मान्यता है, "बौद्ध तत्त्ववाद, जो निश्चय ही बौद्ध आचार्यों की चिन्ता की देन था, मध्ययुग के हिन्दी साहित्य के उस अंग पर अपना निश्चित पद-चिह्न छोड़ गया है जिसे 'सन्त साहित्य' नाम दिया गया है...मैं जो कहना चाहता था वह यह है कि बौद्ध धर्म क्रमशः लोकधर्म का रूप ग्रहण कर रहा था और उसका निश्चित चिह्न हम हिन्दी साहित्य में पाते हैं" (पृ. 9-10)। यानी द्विवेदी की धारणा यह है कि बौद्ध धर्म क्रमशः लोक स्तरों में संक्रमित हुआ और धीरे-धीरे निर्गुण तथा सगुण दोनों भक्तिधाराओं का प्रेरक तत्त्व बन गया। इसी सिलसिले में उन्होंने भक्ति साहित्य के विकास में इस्लाम के विशिष्ट प्रभाव को नकारा। 'भूमिका' का ही अब प्रसिद्ध वाक्य है "...लेकिन जोर

देकर कहना चाहता हूँ कि अगर इस्लाम नहीं आया होता तो भी इस साहित्य का बारह आना वैसा ही होता जैसा आज है।'' (पृ. 2)

अपने एक अगले अध्ययन में आचार्य द्विवेदी ने मध्यकालीन भक्ति साहित्य के विकास के पीछे एक और तत्त्व रेखांकित किया है। उनका मानना है कि प्राकृत-अपभ्रंश की शृंगारप्रधान कविताओं की प्रतिक्रिया में भक्तिपरक रचनाओं को बढ़ावा मिला। 'मध्यकालीन बोध का स्वरूप' (1970) के अन्तिम अंश में वे लिखते हैं, ''अत्यधिक प्राकृतकेन्द्री कविता की प्रतिक्रिया का अवसान सहज भगवत्प्रेम में हुआ। सन्तों और सगुण-मार्गी भक्तों ने नये रसबोध को बढ़ावा दिया। यद्यपि रीतिकाल में संस्कृत की प्रवृत्तियों को जिलाये रखा गया, पर भक्ति के आदर्श उसे भी चालित करते रहे।'' (पृ. 119) उल्लिखित पुस्तक का मूल विषय सम्पूर्ण भारतीय साहित्य का मध्यकाल है जिसका विस्तार वे 9वीं से 18वीं शती तक मानते हैं। इस काल में समीक्षक परिलक्षित करता है कि भारतीय चिन्ता विवेक के स्थान पर रूढ़ि का समर्थन करती है। इस अवधि के उत्तरार्द्ध यानी 13वीं शती से द्विवेदी हिन्दी साहित्य का मध्यकाल मानते हैं, जिसकी चर्चा भर छेड़कर वे प्रस्तुत व्याख्यानों का समापन करते हैं। इस तरह भक्ति-काव्य के विकास के पीछे दो तत्त्व देख रहे हैं–एक तो बौद्ध चिन्तन-प्रक्रिया का विकास और दूसरे प्राकृत-अपभ्रंशों की शृंगारिकता के विरुद्ध प्रतिक्रिया। और इन दोनों तत्त्वों को वे भारतीय लोक-जीवन से जुड़ा हुआ मानते हैं। इस्लाम के सम्बन्ध में उनका मत है ''हिन्दी साहित्य में भी यह प्रभाव 'प्रभाव' के रूप में ही स्वीकार किया जाना चाहिए, प्रतिक्रिया के रूप में नहीं।'' (पृ. 29)

यहाँ स्पष्ट है कि रामचन्द्र शुक्ल ने भक्तिकाल सम्बन्धी अपनी व्याख्या में इस्लाम के प्रति जो प्रतिक्रिया की बात कही थी,[1] वह

---

1. ''हिन्दुओं के स्वातन्त्र्य के साथ-ही-साथ वीर-गाथाओं की परम्परा भी काल के अँधेरे में जा छिपी। उस हीन दशा के बीच वे अपने पराक्रम के गीत किस मुँह से गाते और किन कानों से सुनते? जनता पर गहरी उदासी छा गयी थी...हृदय की अन्य वृत्तियों (उत्साह आदि) के रंजनकारी रूप भी यदि वे चाहते तो कृष्ण में ही मिल जाते, पर उनकी ओर वे न बढ़े। भगवान् का यह व्यक्त स्वरूप यद्यपि एकदेशीय था–केवल प्रेम था–पर उस समय नैराश्य के कारण जनता के हृदय में जीवन की ओर से एक प्रकार की जो अरुचि-सी उत्पन्न हो रही थी उसे हटाने में उपयोगी हुआ। मनुष्यता के सौन्दर्यपूर्ण और माधुर्यपूर्ण पक्ष को दिखाकर इन कृष्णोपासक वैष्णव कवियों ने जीवन के प्रति अनुराग जगाया, या कम-से-कम जीने की चाह बनी रहने दी।'' ('महाकवि सूरदास' : 'त्रिवेणी')

हजारीप्रसाद द्विवेदी को मान्य नहीं। अब अच्छा तो यह होता कि दो पण्डितों के विवाद को यहीं छोड़ा जा सकता। पर एक बात की ओर ध्यान दिलाये बिना यह प्रसंग अधूरा रह जायेगा। सूरदास पर कार्य करते समय विद्वानों ने प्रायः वल्लभाचार्य की इन पंक्तियों को उद्धृत किया है, "देश म्लेच्छाक्रान्त है, गंगादि तीर्थ दुष्टों द्वारा भ्रष्ट हो रहे हैं, अशिक्षा और अज्ञान के कारण वैदिक धर्म नष्ट हो रहा है, सत्पुरुष पीड़ित तथा ज्ञान विस्मृत हो रहा है, ऐसी स्थिति में एकमात्र कृष्णाश्रय में ही जीवन का कल्याण है।" भक्त-कवियों के एक प्रमुख गुरु के सीधे साक्ष्य पर यों प्रतिक्रियावादी व्याख्या पुष्ट होती है। अच्छा होगा कि प्रभाव और प्रतिक्रिया दोनों रूपों में इस्लाम की व्याख्या सहज भाव से और अकुण्ठ मन से की जाये। तब आचार्य शुक्ल और आचार्य द्विवेदी के बीच दिखनेवाला यह प्रसिद्ध मतभेद अपने-आप शान्त हो जायेगा। भक्ति-काव्य के विकास के पीछे बौद्ध धर्म का लोकमूलक रूप है और प्राकृतों के श्रृंगार-काव्य की प्रतिक्रिया है तो इस्लाम के सांस्कृतिक आतंक से बचाव की सजग चेष्टा भी है। इस अन्तिम प्रवृत्ति का बड़ा सूक्ष्म मनोवैज्ञानिक विश्लेषण निराला ने अपने प्रसिद्ध काव्य 'तुलसीदास' के आरम्भिक दस छन्दों में किया है। पहला छन्द है—

भारत के नभ का प्रभापूर्य
शीतलच्छाय सांस्कृतिक सूर्य
अस्तमित आज रे—तमस्तूर्य दिङ्मण्डल;
उर के आसन पर शिरस्त्राण
शासन करते हैं मुसलमान;
है ऊर्मिल जल; निश्चलत्प्राण पर शतदल।

यह वल्लभाचार्य और रामचन्द्र शुक्ल का समर्थन है। हजारीप्रसाद द्विवेदी की विशेषता यह है कि उन्होंने भक्ति साहित्य के विकास में भारतीय परम्परा के योगदान को सही ढंग से मूल्यांकित और रेखांकित किया है।

पर उससे भी एक बड़ी बात है जहाँ उनके आधुनिक बोध का अच्छा प्रमाण मिलता है। आधुनिक दृष्टि शास्त्र के साथ-साथ और कभी लोक-जीवन को उससे अधिक महत्त्व देती है। 19वीं शती से ही आधुनिक

चिन्तन सामान्य जन को केन्द्र में रखकर चलता है। इतिहास में राजवंशों के स्थान पर सामाजिक इतिहास का महत्त्व, साहित्य में क्लैसिकल आभिजात्य के स्थान पर रोमाण्टिकों की जनसामान्य में रुचि, दर्शन में मानववादी विचारधारा का विकास और इन सबकी राजनीति में व्यावहारिक परिणति, जनतन्त्र का उदय, ये सभी प्रवृत्तियाँ एक ही दिशा की ओर संकेत करती हैं। इसी समय के आस-पास लोकसाहित्य और लोकवार्त्ता में अध्ययन की निष्ठा जाग्रत होती है, और जर्मनी के पाण्डित्य में उस समय उपहास के विषय 'नव्य वैयाकरण' अतीत की गौरवशाली पर अब मृत भाषाओं के स्थान पर समकालीन जीवित और विकसनशील जनभाषाओं के अध्ययन पर बल देते हैं। 'नव्य वैयाकरणों' का समय 1880 के आस-पास है, और फ्रेजर के 'गोल्डन बाउ' का प्रकाशन-काल है 1890। लोकजीवन और लोकशक्ति में आस्था यों आधुनिक विचारधारा की एक प्रमुख पहचान है। द्विवेदी अपने पाण्डित्य को बराबर लोकजीवन से जोड़कर रखते हैं। मध्यकाल में प्राकृत-अपभ्रंशों के साहित्य से लेकर सन्तों की बानी तक उनकी रुचि और निष्ठा का विशाल क्षेत्र है। 'भूमिका' में एक स्थान पर वे लिखते हैं, ''भारतीय पाण्डित्य ईसा की एक सहस्राब्दी बाद आचार-विचार और भाषा के क्षेत्रों में स्वभावतः ही लोक की ओर झुक गया था।'' (पृ. 14) यह टिप्पणी आचार्य द्विवेदी प्रकारान्तर से अपने सम्बन्ध में भी कर रहे हैं, और इस स्थिति की तुलना उपर्युक्त 18वीं शती की आधुनिक यूरोपीय विचारधारा से भी की जा सकती है। एक पण्डित के रूप में आगे चलकर सन्त-मत का विश्लेषण करते हुए वे एक और साहसिक बात कहते हैं, ''सच पूछा जाये तो शास्त्रज्ञान, तत्त्वज्ञान के मार्ग में सब समय सहायक ही नहीं होता और कभी-कभी तो उस युग की तथोक्त नीच जातियों में से आये हुए महापुरुषों का शास्त्रीय तर्कजाल से मुक्त होना श्रेयस्कर जान पड़ता है।'' (पृ. 36) इसी रूप में 'भूमिका' में हिन्दी साहित्य के विकास की व्याख्या चलती है। लोकजीवन की चिन्ता का यह पहला उल्लेख है। आचार्य शुक्ल की इस सम्बन्ध में अपने इतिहास की प्रतिज्ञा स्मरणीय है। 'हिन्दी साहित्य का इतिहास' (1929) का आरम्भिक अंश है ''जबकि प्रत्येक देश का साहित्य वहाँ की जनता की चित्तवृत्ति का संचित प्रतिबिम्ब होता है तब यह निश्चित है कि जनता

की चित्तवृत्ति के परिवर्तन के साथ-साथ साहित्य के स्वरूप में भी परिवर्तन होता चला जाता है। आदि से अन्त तक इन्हीं चित्तवृत्तियों की परम्परा को परखते हुए साहित्य-परम्परा के साथ उनका सामंजस्य दिखाना ही 'साहित्य का इतिहास' कहलाता है।'' 'हिन्दी साहित्य की भूमिका' में आचार्य द्विवेदी की प्रस्तावना इस प्रकार है—''मैं इसी रास्ते सोचने का प्रस्ताव करता हूँ। मतों, आचार्यों, सम्प्रदायों और दार्शनिक चिन्ताओं के मानदण्ड से लोकचिन्ता को नहीं मापना चाहता बल्कि लोकचिन्ता की अपेक्षा में उन्हें देखने की सिफारिश कर रहा हूँ।'' (पृ. 8) आचार्य शुक्ल की प्रतिज्ञा में केन्द्रीय प्रयोग 'जनता की चित्तवृत्ति' है तथा आचार्य द्विवेदी की प्रस्तावना में ऐसा प्रयोग 'लोक-चिन्ता' का है। ऊपर से एक-से दिखने पर भी दोनों प्रयोगों में गुणात्मक अन्तर है। ऐसा नहीं कि शुक्ल जी 'लोक' शब्द की छायाओं से परिचित नहीं थे। साहित्य के उद्देश्य के सम्बन्ध में वे बराबर 'लोक मंगल' की बात कहते हैं। पर यहाँ उन्होंने 'जनता' शब्द चुना है जो समाज के सभी वर्गों और समूचे जनजीवन को समेटता है। हजारीप्रसाद द्विवेदी का प्रिय शब्द 'लोक' है जो जनता के अपेक्षाकृत पिछड़े वर्ग को संकेतित करता है। यों द्विवेदी की चिन्ता समाज के पिछड़े वर्ग की ओर अधिक है। तब यह भी स्वाभाविक है कि आचार्य शुक्ल के मानक कवि जनता में प्रिय कवि तुलसी हैं, जबकि द्विवेदी के मानक कवि लोक में प्रिय कवि कबीर हैं।

यहाँ एक तथ्य की ओर संकेत करना अप्रासंगिक न होगा। आचार्य द्विवेदी का यूरोपीय या कि अंग्रेज़ी साहित्य से घनिष्ठ परिचय न था। यह बात उनके व्यक्तिगत जीवन-सन्दर्भों में भी समझी जा सकती है और उससे भी अधिक उनकी पूरी समीक्षा-प्रक्रिया में परिलक्षित की जा सकती है। पर जो बात महत्त्वपूर्ण है वह यह कि 20वीं शती के भारतीय सन्दर्भों में अंग्रेज़ी से निकट परिचय न होने पर भी उनका व्यक्तित्व कहीं कुण्ठित नहीं हुआ। यही नहीं उनके साहित्य या कि व्यक्तिगत जीवन में भी यह कहीं नहीं झलका कि अंग्रेज़ी भाषा या साहित्य से अच्छा परिचय न होना भी कोई कुण्ठा का विषय हो सकता है। दूसरी ओर यह दम्भ भी न था कि मेरा अच्छे से अच्छा काम अंग्रेज़ी के बिना चलता है। अंग्रेज़ी के भीषण आतंक के युग में आचार्य हजारीप्रसाद द्विवेदी ने अंग्रेज़ी के प्रति

जैसा सहज रुख अपनाया वह उनके अप्रतिम आत्मविश्वास का द्योतक है। वे ऐसे पण्डित थे जिनका साहित्य-चिन्तन आधुनिक दिशाओं की ओर उन्मुख था और बिना अंग्रेज़ी का सहारा लिये हुए। भारतीय या कि हिन्दी पाण्डित्य का यह आत्मविश्वास भाव एक पूरी-की-पूरी पीढ़ी के लिए प्रेरक रहा है। और इस आत्मविश्वास का यदि आप विश्लेषण करें तो पायेंगे कि यहाँ संस्कृत का पाण्डित्य और लोकजीवन में निष्ठा, इन दोनों तत्त्वों ने मिलकर बड़े विनम्र भाव से अंग्रेज़ी के ज्ञान को हिन्दी साहित्य-चिन्तन के क्षेत्र में अप्रासंगिक कर दिया है। यह जानना रोचक है कि आचार्य द्विवेदी के यहाँ 'पण्डित' शब्द का प्रयोग बहुत बार कबीर की मुद्रा में अवमानना से युक्त तो नहीं पर हलके व्यंग को लिये हुए है। कुल मिलाकर पण्डित और लोक के बीच उनका पक्ष बराबर लोक का है, और यही उनके आत्मविश्वास का मूल स्रोत है। संस्कृत के प्रति आदर, अंग्रेज़ी के प्रति शालीन तटस्थता और लोक के प्रति निष्ठा तथा आत्मीयता, हजारीप्रसाद द्विवेदी का रचनात्मक व्यक्तित्व कुछ ऐसे अनुपात में बनता है।

लोकजीवन के सन्दर्भों को उभारते हुए समीक्षक ने हिन्दी साहित्य के परम्परागत संश्लिष्ट रूप की बड़ी सटीक व्याख्या की है। भाषाविज्ञान के बहुचर्चित अन्तरंग-बहिरंग भाषाओं के विभाजन को वे साहित्य के प्रसंग में एक नयी दृष्टि के साथ प्रस्तुत करते हैं। 'भूमिका' में वे लिखते हैं, "समग्र भारतीय साहित्य में हिन्दी ही एकमात्र ऐसी भाषा है जिसमें पश्चिमी आर्यों की रूढ़िप्रियता, कर्मनिष्ठा के साथ-ही-साथ पूर्वी आर्यों की भाव-प्रवणता, विद्रोही वृत्ति और प्रेम-निष्ठा का मणि-कांचन योग हुआ है।" (पृ. 29) यहाँ भी ध्यान देना होगा कि स्वयं हजारीप्रसाद द्विवेदी का कृतित्व इस मणि-कांचन योग का एक प्रतिनिधि उदाहरण प्रस्तुत करता है। वे एक ओर कबीर के विद्रोही-मूर्त्तिभंजक व्यक्तित्व के प्रखर प्रशंसक थे, पर अपनी शैली में 'लिये लुकाठी हाथ' वाली मुद्रा उन्होंने कभी नहीं अपनायी। अपने निजी मत को भी वे बड़े विनम्रता के साथ कुछ अन्य पुरुषवाली भंगिमा में कहते हैं, जैसे किसी जनश्रुति का उल्लेख कर रहे हों। पण्डितजी के अनेक युवा मित्रों को उनसे बराबर यह शिकायत रही कि वे उनकी अपेक्षाओं के अनुरूप विद्रोही क्यों नहीं हैं! पर हजारीप्रसाद द्विवेदी को ऐसा विद्रोह कभी रास नहीं आया और उसका पाखण्ड तो और

भी नहीं। ''सूरदास सुधारक नहीं थे, ज्ञानमार्गी भी नहीं थे, किसी को कुछ सिखाने का भान उन्होंने कभी किया ही नहीं। वे कहीं भी किसी भी सम्प्रदाय, मतवाद या व्यक्तिविशेष के प्रति कटु नहीं हुए...वे तुलसीदास की भाँति दृढ़चेता सेनानायक नहीं थे जो समाज की कुरीतियों से कुशलतापूर्वक बाहर निकलकर उस पर गोलाबारी आरम्भ कर दें। नन्ददास की तरह पर-पक्ष की युक्तियों को तर्क-बल पर निराश करना भी वे नहीं जानते थे। वे केवल श्रद्धालु और विश्वासी भक्त थे जो झगड़ों में पड़ने के ही नहीं।'' (पृ. 101) यहाँ कवि सूरदास के व्यक्तित्व-विश्लेषण के साथ-साथ समीक्षक मानो एक असजग स्तर पर अपने व्यक्तित्व का भी विश्लेषण कर रहा है। कबीर हजारीप्रसाद द्विवेदी के प्रिय कवि थे तो सूरदास कम नहीं। इन दो ही हिन्दी कवियों पर उनके स्वतन्त्र अध्ययन हैं। कबीर का विद्रोही रूप यदि उनके विचारों के निकट था तो सूर का श्रद्धालु व्यक्तित्व उनके संस्कारों के। यहाँ भी एक तरह से पश्चिम (सूर) और पूर्व (कबीर) के आर्यों का संश्लिष्ट रूप हम देखते हैं जो हिन्दी का अपना मिज़ाज है।

मध्यकालीन बोध हजारीप्रसाद द्विवेदी की रचना और चिन्ता-दृष्टि का केन्द्र-बिन्दु है। चाहे उनके उपन्यास हों या कि समीक्षा या इतिहास-चर्चा, वे समूचे भारतीय और हिन्दी मध्यकालीन कृतित्व को उसके श्रेष्ठ सर्जनात्मक रूप में प्रस्तुत करते हैं। पश्चिमी और पूर्वी आर्यों के वैशिष्ट्य को रेखांकित करते हुए वे बताते हैं कि पश्चिमी आर्यों ने वीरगाथाएँ रचीं और पूर्वी आर्यों ने प्रेमगाथाएँ। फिर उनका निष्कर्ष यों है, ''बिना किसी प्रकार के प्रतिवाद की आशंका के जोर देकर कहा जा सकता है कि मध्यकाल के आरम्भ के अन्धकारयुगीन भारतीय जीवन को इतनी सजीवता से अभिव्यक्त कर सकने का कोई दूसरा साधन नहीं है। नाना प्रकार की लोक-चिन्ताओं के सम्मिश्रण का जो अध्ययन करना चाहते हैं उन्हें इस वीरगाथा और प्रेमगाथा के साहित्य का अध्ययन करने को निमन्त्रित करता हूँ। इससे अधिक सरस, अधिक स्फूर्तिदायक और लोकजीवन को समझने में अधिक सहायक साहित्य को मैं नहीं जानता।'' (भूमिका, पृष्ठ 116) कहा जा सकता है कि मध्यकालीन साहित्य के प्रति ऐसी सतर्क पर अकुण्ठ सहानुभूति कम ही मिलेगी।

और यह सहानुभूति मध्यकाल में केवल भक्तिकाव्य को मिली हो, ऐसा नहीं है। रीतिकाव्य को भी समीक्षक एक उचित परिप्रेक्ष्य में प्रस्तुत करता है। और यहाँ भी विश्लेषण का आधार लोक-चिन्ता ही है। रीतिकाव्य की शृंगारिकता को इतिहासकार प्राकृतों की परम्परा से जोड़ता हुआ कहता है, ''नायिका-भेद ही संकीर्ण सीमा में जितना लोक-चित्र आ सकता था इस काल का उतना चित्र निश्चय ही विश्वसनीय और मनोरम है। इतना दोष जरूर है कि यह चित्र असम्पूर्ण और विच्छिन्न है।'' (पृष्ठ 125) और जब लोक-चिन्ता में कमी होकर शास्त्रमत की प्रधानता हो गयी तो 'स्वाधीन-चिन्ता के प्रति एक अवज्ञा का भाव आ गया।' यहीं वह 'स्तब्ध मनोवृत्ति' आ जाती है जो मध्यकाल के लाक्षणिक अर्थ को विकसित करती है। यों मध्यकाल की शक्ति और सीमा दोनों को सही रूप में पहचाना गया है।

'भूमिका' के उपसंहार में आधुनिक दृष्टिकोण की व्याख्या करते हुए पण्डितों पर अपने सहज कटाक्ष की मुद्रा में आचार्य द्विवेदी लिखते हैं, ''और जैसा कि इस विषय के पण्डितों ने बताया है, विश्व को व्यक्तिगत आसक्त भाव से न देखकर अनासक्त और तद्गत भाव से देखना ही आधुनिक दृष्टिकोण है।'' (पृ. 137) यहाँ लेखक स्वयं आसक्त भाव से इस दृष्टिकोण को प्रस्तुत कर रहा है या अनासक्त भाव से, यह कह सकना कठिन है। वाक्य-विन्यास के हिसाब से 'पण्डितों' के प्रति कुछ सम्मान भी झलकता है और एक हलकी मुस्कान का रूप भी। बहरहाल प्रश्न यह बनता है कि आधुनिकता विषयगत दृष्टिकोण में बनती है या कि विषयी के दृष्टिकोण में, अनासक्त भाव में या आसक्त भाव में? ज़ाहिर है कि लेखक की कुशलता और क्षमता इसमें है कि वह कैसे और कितनी दूर तक अपने आसक्त विवेचन को दूसरों के बीच अनासक्त बना पाता है। मध्यकाल के सम्बन्ध में आचार्य हजारीप्रसाद द्विवेदी की व्याख्या इस प्रक्रिया का एक अच्छा उदाहरण है।

●

रीति-काव्य : नगेन्द्र की दृष्टि

रीति-काव्य में रसिकता और शास्त्रीयता का योग हुआ है, और आधुनिक समीक्षा में डॉ. नगेन्द्र का व्यक्तित्व इसे अपने ढंग से प्रतिफलित करता है। हिन्दी में रीति-काव्य का व्यवस्थित अध्ययन करनेवाले विद्वानों में वे अग्रणी हैं। उनके अध्ययन का केन्द्रीय अंश उनका शोध-प्रबन्ध है—'रीति-काव्य की भूमिका' (1950)। नागरी प्रचारिणी सभा द्वारा संयोजित बृहत् इतिहास के छठे भाग में उन्होंने रीतिकाल के अन्तर्गत 'रीतिबद्ध काव्य' शीर्षक खण्ड सम्पादित किया है (1958)। तथा स्वयं अपने द्वारा संयोजित-सम्पादित 'हिन्दी साहित्य का इतिहास' में भी उन्होंने रीतिकाल के सम्बन्ध में कुछ अंश लिखा है (द्वितीय संस्करण—1976)। पर इस सारी सामग्री का अधिकांश 'रीति-काव्य की भूमिका' से गृहीत है।

नगेन्द्र का रीति-काव्य का विवेचन अपेक्षया स्थिर रूप में हुआ है। रीति-काव्य के एकान्त, प्रशमित किये हुए वातावरण के अनुकूल ही शायद यह आलोचक-इतिहासकार की दृष्टि है। लगता है जैसे सारा साहित्यिक परिदृश्य यहाँ अचल हो गया हो। रीति-काव्य की बनावट में जैसे ऐतिहासिक-सामाजिक द्वन्द्व नहीं दिखायी देते वैसे ही उसके विवेचन में भी। लेखक ने भूमिका में स्पष्ट कर दिया है "यहाँ मैंने घटनाओं को प्रायः बचाते हुए तत्कालीन जीवन की आन्तरिक प्रवृत्तियों को ही ग्रहण किया है, क्योंकि काव्य का सीधा सम्बन्ध उन्हीं से है।" यद्यपि इस प्रतिज्ञा के बावजूद लेखक ने 'रीति-काव्य की भूमिका' के पहले खण्ड रीति-काव्य की ऐतिहासिक पृष्ठभूमि में मुग़ल साम्राज्य के उत्तर काल में रीतिकालीन मनोवृत्तियों का ताल-मेल अच्छे ढंग से बैठाया है। विवेचन के आधुनिक ढंग में शायद ऐतिहासिक पृष्ठभूमि और मूल परिदृश्य को अलग-अलग न किया जाये। कुल मिलाकर 'भूमिका' रीति-काव्य का ऐतिहासिक अनुशीलन कम, साहित्यिक या कि शास्त्रीय विवेचन अधिक है। अपनी भूमिका में आलोचक ने इसे 'शुद्ध साहित्यिक (रस) दृष्टि' पर आधारित कहा है। इस दृष्टि का औचित्य वह इसलिए मानता है क्योंकि "हिन्दी में रीति-काव्य

प्रायः उपेक्षा का ही भागी रहा है। द्विवेदी-युग के आलोचकों ने इसको नीतिभ्रष्ट कहकर तिरस्कृत किया, छायावाद के प्रतिनिधि कवि-लेखक इस कविता को अति-ऐन्द्रिय और स्थूल कहकर हेय समझते रहे और प्रगतिशील समीक्षक इसको सामन्तवाद की अभिव्यक्ति मानकर प्रतिक्रियावादी कविता कहता है।'' यहाँ वाक्य के तीनों खण्डों में क्रिया-प्रयोग की अलग-अलग बनावट आधुनिक काल के तीनों युगों की समीक्षा के प्रति आलोचक की अपनी प्रतिक्रिया को व्यक्त करती है।

ऐतिहासिक पृष्ठभूमि का विवेचन आरम्भ करते समय नगेन्द्र ने स्पष्ट कर दिया है कि वे इस प्रसंग में आचार्य रामचन्द्र शुक्ल का काल-विभाजन (रीतिकाल-सं. 1700 से सं. 1900) स्वीकार करते हैं। 'बृहत् इतिहास' के छठे खण्ड के सम्पादकीय वक्तव्य में उन्होंने यह भी बताया है कि उन्होंने इतिहास के आयोजकों का प्रस्तावित नाम 'शृंगार काल' न मानकर 'परम्परासिद्ध रीतिकाल नाम ही ग्रहण किया है', और इस तरह यहाँ भी वे आचार्य शुक्ल के नामकरण को ही मान्यता देते हैं। 'रीति' शब्द-प्रयोग का विवेचन करते हुए वे 'भूमिका' में लिखते हैं, ''शुक्ल जी ने कुछ अंशों में वामन के रीति शब्द का अर्थ-संकेत भी ग्रहण करते हुए रीति को केवल एक प्रकार न मानकर एक दृष्टिकोण माना।'' (पृ. 138) यों आचार्य शुक्ल की समझ की सही सराहना करते हुए नगेन्द्र ने रीतिकाल के ऐतिहासिक विवेचन के प्रसंग में उनकी दृष्टि को सामान्यतः स्वीकार किया है, उनका अपना वैशिष्ट्य है रीति-काव्य के कवित्व और शास्त्रीय पक्ष को रेखांकित करने में।

यहाँ इस बात पर ध्यान देना है कि नगेन्द्र रीतिकाल के एकान्त प्रशंसक नहीं हैं, जैसा कि शायद रस-सिद्धान्त के प्रबल समर्थक होने के कारण उन्हें प्रायः मान लिया जाता है। 'रीति-काव्य की भूमिका' के आधार पर उनकी छवि रीति-काव्य के सहानुभूतिपूर्ण आलोचक की बननी चाहिए, न कि पक्षधर और पुरस्कर्त्ता की। रीति-काव्य की अपनी कमियों से वे बखूबी परिचित हैं। ऐतिहासिक विवेचन के आरम्भ में ही वे बताते हैं कि 'जिस प्रकार साहित्य के इतिहास में भक्ति-काव्य के चरम वैभव के बाद सं. 1700 के आस-पास ही कविता क्षयग्रस्त होने लगी थी, ठीक उसी प्रकार राजनीतिक इतिहास में मुग़ल-साम्राज्य भी अपने सम्पूर्ण यौवन को

प्राप्त करने के उपरान्त ह्रासोन्मुख हो चला था।' (पृ. 2)। सच तो यह है कि रीतिकाल के उन्मेष को यों 'क्षयग्रस्त' कहना अतिनाटकीय और कठोर लगता है, उसी तरह मुग़ल साम्राज्य और तत्कालीन हिन्दी कविता के बीच बिम्ब-प्रतिबिम्ब भाव रखना भी। 'बृहत् इतिहास' के उपसंहार में, इसी प्रकार, 'रीति-काव्य' को 'अत्यन्त अभिशप्त काव्य' कहना, भले ही पूर्व-पक्ष के रूप में, कुछ बहुत अच्छा नहीं लगता, क्योंकि इस प्रयोग की व्यंजना वांछनीयता को समर्थन नहीं देती।

रीति-काव्य की मानसिकता का विवेचन करते हुए नगेन्द्र ने उस समय के 'कवि और कलावन्तों की विभिन्न स्थिति' का सटीक विश्लेषण किया है, "जन्म से इनका सम्बन्ध प्रायः निम्न और मध्यवर्ग में होता था, परन्तु रहते थे उच्च वर्ग के आश्रय में। अतएव यद्यपि इनके व्यक्तित्व का निर्माण दोनों वर्गों के विभिन्न संस्कारों से ही होता था, फिर भी उसमें प्रधानता उच्च वर्ग के संस्कारों और उसकी आशा-आकांक्षाओं की रहती थी, क्योंकि बाद में निर्धन जनता से इनका कोई सम्बन्ध नहीं रह जाता था।" (भूमिका, पृ. 10) रीति कवियों की इस बनावट में वर्ग-वैषम्य का जो रूप उभरता है उससे यह समझने में आसानी हो जाती है कि इस युग के (हिन्दी और उर्दू) कवियों में रचनात्मक निष्ठा या कि प्रवहमानता का रूप क्यों नहीं मिलता! यदि इस स्थिति का और आगे विश्लेषण किया जाये तो कहा जा सकता है कि रीति-कवियों की स्फुट और मुक्तक-वृत्ति के पीछे एक कारण इन कवियों की वर्गगत वैषम्य से ग्रस्त ऐसी मानसिक बनावट थी जिसमें रचनात्मक तितिक्षा की कमी थी। ऐसे ही रीति-कवियों के अपेक्षाकृत सतही आचार्यत्व के पीछे है "भारतीय साहित्यशास्त्र की बाह्यार्थ-निरूपिणी दृष्टि (जो) कवि के आत्मांश की उपेक्षा ही करती आयी है।" (पृ. 42) यों, रीति कवि और/या आचार्य का वैशिष्ट्य जीवन के स्फुट और मनोरम प्रसंगों तथा स्थितियों का चयन है, उनकी पारस्परिक टकराहट के बीच से किसी गहन जीवन-दृष्टि का विकास नहीं।

रीति-काव्य का विकास नगेन्द्र ने ठीक ही प्राकृत-अपभ्रंश की लौकिक काव्य-परम्परा से माना है। इस सम्बन्ध में हजारीप्रसाद द्विवेदी ने अपनी 'हिन्दी साहित्य की भूमिका' में कई महत्त्वपूर्ण संकेत दिये हैं। उसी क्रम में आलोचक की मान्यता है, "प्राकृत और अपभ्रंश का जो साहित्य आज

परिपाटी चली, जो आलोचना की अपेक्षा काव्य को अधिक महत्त्व देती थी—हिन्दी का रीति-काव्य इसी का सीधा विकास है। इसी कारण उसमें आचार्यत्व और कविता का सम्मिलन है!'' (पृ. 139) इस दृष्टि से उसने रीति-काव्य में 'दो प्रवृत्तियाँ अभिन्न रूप से गुँथी हुई' मानी हैं—(1) रीति-निरूपण अथवा आचार्यत्व और (2) शृंगारिकता, और लक्षित किया है कि शृंगार-काव्य में आचार्यत्व के प्रदर्शन का एक परिणाम यह हुआ कि रीति-काव्य में आत्माभिव्यंजन नहीं वस्तु-तत्त्व की प्रधानता है। (पृ. 141)

फिर रीति-निरूपण के प्रसंग में आलोचक आगे बताता है कि 'हिन्दी के इन समीक्षक-कवियों ने हमारे रीति-विवेचन में कोई गम्भीर मौलिक योग नहीं दिया।' (पृ. 161) अधिक महत्त्वपूर्ण योगदान शृंगारिक काव्य, भले ही वह रीतिबद्ध हो, के क्षेत्र में है। इस काव्य की मानसिकता का अच्छा विश्लेषण करते हुए उसने ऐतिहासिक सन्दर्भों से उसे जोड़ा है। विजयी और विजेता, शासक तथा शासित दोनों की मानसिकता कैसे एक बन गयी थी, इस प्रसंग में लिखा है, ''भारतीय इतिहास में यह घोर अधःपतन का युग था—मुसलमानों का जीवन तो ऐहिक शक्ति और सुख के अतिचार के कारण जर्जर हो गया था और हिन्दू जीवन पराभव से जीर्ण था।'' (पृ. 167) यों, हिन्दू और मुसलमान दोनों जातियाँ अपने-अपने कारणो से—कम-से-कम उच्च वर्गों में—विलासिता में डूब रही थीं।

रीति-काव्य में शृंगारिकता के उन्मुक्त वातावरण का इसी क्रम में आगे विश्लेषण करते हुए नगेन्द्र ने कई कारणों का उल्लेख किया है—और यह अंश उनकी केन्द्रीय दृष्टि का अच्छे ढंग से प्रतिफलन करता है। हिन्दुओं में आत्म-रक्षण की मनोवृत्ति का पोषण ऐसी परिस्थितियों में घर के भीतर ही सम्भव था, और फलतः 'उसकी समस्त आकांक्षाएँ नारी के शरीर के चारों ओर ही मँडरा सकती थीं।' फिर 'कृष्ण-भक्ति की परम्परा से नैतिक अनुमति भी एक प्रकार से इसे प्राप्त हो गयी थी।' इसके अतिरिक्त 'फ़ारसी संस्कृति और साहित्य की शृंगारिकता' तथा 'संस्कृत और प्राकृत काव्य की परम्परा' ने भी अपने-अपने ढंग से रीति-काव्य की शृंगारिक वृत्ति को बढ़ावा दिया।

ऐसे शृंगारिक काव्य में आलोचक ने माना है, "प्रेम की एकनिष्ठता न होकर विलास की रसिकता ही प्रायः मिलती है" (पृ. 168) और इस दृष्टि से "रीति-कविता शुद्ध सामन्तीय वातावरण की सृष्टि है।" (पृ. 161) यह रीति-कवियों के नारी के प्रति दृष्टिकोण में जगह-जगह झलकता है, जिसका एक महत्त्वपूर्ण साक्ष्य है नायिका-भेद का विस्तार जो 'नारी के भोग्य रूपों का विस्तार ही तो है।' तब आलोचक का यह निष्कर्ष स्वाभाविक है, "रीति-युग का जीवन-दर्शन स्वस्थ नहीं था।" (पृ. 173)

पर इतनी विरोधी आलोचना के बावजूद नगेन्द्र ने रीति-काव्य के मार्मिक और स्वस्थ पक्ष को अच्छे ढंग से पकड़ा है। उन्होंने दिखाया है कि 'इस शृंगारिकता के विषय में दूसरी बात यह ज्ञातव्य है कि इसका स्वरूप प्रायः सर्वत्र ही गार्हस्थिक है।' (पृ. 169) रीति-काव्य का यह वैशिष्ट्य अच्छी तरह समझ में तब आता है जब हम उसकी तुलना उसी काल की उर्दू शायरी से करते हैं। और तभी भारतीय परम्परा का भी वैशिष्ट्य समझ में आता है, जहाँ 'रामायण' और 'महाभारत' से लेकर मैथिलीशरण गुप्त तक के काव्य में गार्हस्थ्य जीवन के विविध चित्र और बहुमुखी समस्याएँ अंकित होते देखते हैं। यह शृंगार चित्रण न तो एक ओर संस्कृत-जैसी आध्यात्मिकता का पुट लिये है, भले ही नाम वहाँ राधा-कृष्ण का हो, और न दूसरी ओर उर्दू-फ़ारसी काव्य-जैसी 'दरबारी वेश्या-विलास अथवा बाज़ारी हुस्न-परस्ती' की प्रवृत्ति है, और न ही तीसरी ओर यूरोपीय रोमानी परम्परा की साहसिकता और बलिदान-भावना है। यह शृंगार गृहस्थ जीवन की प्रायः सहज और कभी-कभी अटपटी परिस्थितियों के बीच विकसित होता है। आलोचक ने अपनी इस मान्यता के समर्थन में रीति-कवि की उक्ति उद्धृत की है—"पात्र मुख्य सिंगार का सुद्ध स्वकीया नारि।"

इसी प्रसंग के अन्तर्गत रीतिकालीन काव्य में धार्मिकता और भक्ति का स्वरूप विवेचित हुआ है। शृंगार-भावना के साथ और उसके बीच से भक्ति का रूप कभी-कभी कैसे विकसित होता है, इस पर टिप्पणी करते हुए नगेन्द्र ने लिखा है, "रीति-काल का कोई भी कवि भक्ति-भावना से हीन नहीं है—हो ही नहीं सकता था; क्योंकि भक्ति उसके लिए एक

मनोवैज्ञानिक आवश्यकता थी।'' यों, रीतिकालीन काव्य के एक सिरे पर गार्हस्थिकता है तो दूसरे सिरे पर भक्ति। काव्यशास्त्र सम्बन्धी आचार्यत्व को यदि इसके पहले जोड़ लें तो भारतीय वर्णाश्रम-धर्म-व्यवस्था का एक संक्षिप्त और सांकेतिक रूप हमारे सामने आ जाता है।

ऐतिहासिक और सामाजिक परिस्थितियों के सन्दर्भ में रीतिकाल की व्याख्या के साथ आलोचक ने उसकी साहित्यिक परम्परा का भी विवेचन किया है। प्राकृत में रची हुई गाथाएँ, संस्कृत के शृंगार-मुक्तक और कामशास्त्र, इन तीनों ने मिलकर रीति-काव्य का स्वरूप बनाने में विशिष्ट योगदान दिया है। (पृ. 178-80) इसके अतिरिक्त रीतिकाल की काव्यभाषा पर नगेन्द्र ने विशेष रूप से टिप्पणी की है। ब्रजभाषा के मार्दव और परिष्कार की चरम निष्पत्ति यहाँ देखने को मिलती है—''अंग्रेज़ी की अठारहवीं शताब्दी की भाँति रीतिकाल में काव्यभाषा का एक विशिष्ट रूप बन गया था जिसके दो मुख्य तत्त्व थे : नागरिकता और मसृणता।'' (पृ. 177) आलोचक फिर यदि इस पर भी विचार करता कि काव्यभाषा के इस रूप ने अपने ढंग से रीतिकाल की मानसिकता को कैसे दबाया और बनाया तो इस युग की भाषा और संवेदना की परस्पर क्रिया-प्रतिक्रिया को समझने में कुछ और सहायता मिलती, तथा भाषा, साहित्य और संस्कृति का सम्पृक्त स्वरूप हमारे सामने आता। इस विश्लेषण के अभाव में आलोचक की यह उक्ति बहुत प्रामाणिक नहीं बन पाती कि 'उसमें (अर्थात् काव्यभाषा में) रचनात्मकतामात्र थी, महाप्राणता और व्यापकता नहीं रह गयी।'

रीति-काव्य के समग्रतः मूल्यांकन में आलोचक-इतिहासकार ने इस काव्य को 'कविशिक्षा से संयुक्त मनोरंजन' माना है, जो 'तत्कालीन सहृदय समाज के रुचि-परिष्कार का भी अत्यन्त उपादेय साधन था' (बृहत् इतिहास, पृ. 416)। स्पष्ट ही रचना के दायित्वों में यह अपेक्षाकृत हलका पक्ष है, पर फिर कहना होगा कि नगेन्द्र ने रीति-काव्य के महत्त्व को कहीं अतिरंजित रूप में प्रस्तुत नहीं किया। इसी रूप में उन्होंने रीति-आचार्यों को 'उद्भावक आचार्य' या 'व्याख्याता आचार्य' न मानकर मूलतः 'कविशिक्षक' माना है—''उनका काम तो शास्त्र की परम्परा को सरस रूप में हिन्दी में अवतरित करना था। और इसमें वे निश्चय ही कृतकार्य हुए।

उनके कृतित्व का मूल्यांकन इसी आधार पर होना चाहिए।" (पृ. 376) रीतिकाल के विवेचन को समेटते हुए 'भूमिका' में वे लिखते हैं "मौलिक सृजन-क्षमता नष्ट हो चुकी थी; केवल रीतियों की दासता मात्र रह गयी थी, जो कि रीति-काव्य में स्पष्टतः प्रतिफलित है।" (पृ. 174) ऐसे स्थलों पर लगता है कि अतिरंजन के स्थान पर यह कुछ अवमूल्यन का स्वर है। रीतिकाल को लेकर आलोचक के मन में जैसे कहीं कुछ ग्लानि-भाव है, जो इन कवियों के अकुण्ठ और उन्मुक्त शृंगार-भाव के अनुकूल नहीं पड़ता।

'भूमिका' की तुलना में 'बृहत् इतिहास' के निष्कर्ष रीतिकाल के सन्दर्भ में आत्मविश्वास से अधिक युक्त हैं, "एकान्त वैशिष्ट्य की दृष्टि से भारतीय वाङ्मय में ही नहीं, सम्पूर्ण विश्व के वाङ्मय में आलोचना और सर्जना के संयोग से निर्मित यह काव्य-विधा अपना उदाहरण आप ही है। किसी भी भाषा में इस प्रकार का काव्य इतने प्रचुर परिमाण में नहीं रचा गया।" (पृ. 417) यहीं आलोचक ने इस बात पर भी बल दिया है कि रीति-काव्य में 'काव्यकला का अपना स्वतन्त्र महत्त्व था।' यहाँ ध्यान रखने की आवश्यकता यह है कि अनेक बार इस बात को इस ध्वनि के साथ कहा जाता है, या कि कई बार दूसरा पक्ष उससे यह ध्वनि निकाल लेता है, कि यह काव्य-रचना मूलतः कलावादी थी। पर यह सही ध्वनि या बल नहीं है। बल यहाँ इस बात पर है, होना चाहिए, कि रीति-काव्य की मूल प्रेरणा ऐहिक थी। भक्ति-काल की ईश्वर-केन्द्रिक दृष्टि के सामने इस मनुष्य-केन्द्रिक दृष्टि का अन्तर साफ़ समझ में आता है, और तब उस दृष्टि की मौलिकता और साहसिकता भी समझ में आती है। अन्तर भक्ति-काल और रीति-काल की प्राथमिकताओं के बीच है। भक्त तुलसीदास लिखते हैं—

कबि न होउँ नहिं चतुर कहावउँ। मति अनुरूप राम गुन गावउँ। पर आचार्य भिखारीदास का कहना है—

आगे के सुकबि रीझिहैं तौ कविताई न तौ
राधिका-कन्हाई सुमिरन को बहानो है।

एक के लिए ईश्वर-भक्ति प्रधान है और राम का गुण-गान प्रमुख उद्द्देश्य है, इस प्रक्रिया में कविता भी बन जाये तो अच्छा है। दूसरे के लिए

कविता रचना प्रमुख है, यदि कविता न बन सके तो लाचारी में उसे राधा-कृष्ण का स्मरण मान लिया जाये। स्पष्ट ही रीतिकालीन कवि का आत्म-विश्वास अपने कवि-कर्म में स्पृहणीय है, परिणाम पर तो किसी रचनाकार का वश नहीं हो सकता।

●

भारतेन्दु-युग और रामविलास शर्मा का मूल्यांकन

आधुनिक काल के विविध पक्ष और युग रामविलास शर्मा के प्रिय अध्ययन-क्षेत्र कहे जा सकते हैं। पर इस समूचे अध्ययन की आधारशिला भारतेन्दु-युग है, जहाँ से आधुनिक संवेदना का सूत्रपात होता है। इस विषय से सम्बद्ध उनके दो ग्रन्थ हैं—'भारतेन्दु-युग और हिन्दी भाषा की विकास परम्परा' (1943 ई., परिवर्द्धित रूप 1975) तथा 'भारतेन्दु हरिश्चन्द्र' (1953)। इनमें भी भारतेन्दु-युग की ऐतिहासिक तथा सांस्कृतिक सन्दर्भों में व्याख्या पहले ग्रन्थ का उपजीव्य है, दूसरे ग्रन्थ में भारतेन्दु के अपने कृतित्व का ही अधिकतर विवेचन है। यों दोनों ग्रन्थ परस्पर पूरक हैं। फिर 'भारतेन्दु-युग' के प्रथम संस्करण की भूमिका का पहला अनुच्छेद भी ध्यान में रखना है, "यह पुस्तक भारतेन्दु-युग का इतिहास नहीं है। उसका एक रेखाचित्र कहना भी इसको अत्यधिक महत्त्व देना होगा...इस अधूरे रेखाचित्र की सार्थकता इस कारण है कि अभी भारतेन्दु-युग का अलग से कोई इतिहास लिखा नहीं गया। उसके अनेक महारथियों पर अलग-अलग पुस्तकों की गुंजाइश है। जब तक यह सब नहीं होता तब तक हिन्दी साहित्य का विकास-क्रम समझने के लिए इतने ही से सन्तोष करना होगा।" आगे 'आधुनिक साहित्य' शीर्षक अपनी पुस्तक की भूमिका में नन्ददुलारे वाजपेयी ने भी बहुत-कुछ इसी मुद्रा में लिखा है—"यहाँ तो केवल यह इंगित किया जा सका है, एक खाका जिसमें रंग नहीं भरा गया..."

तीसरे संस्करण की भूमिका में लेखक ने अपनी प्रतिज्ञा स्पष्ट कर दी है—"भारतेन्दु-युग का अध्ययन करते हुए प्रायः विद्वानों के दो दृष्टिकोण समाने आते हैं। एक दृष्टिकोण के अनुसार इस युग का साहित्य हमारे नये सामाजिक और सांस्कृतिक जागरण का ही परिणाम है, दूसरे दृष्टिकोण के अनुसार इस साहित्य की मूल प्रेरणा अंग्रेज़ों से मिली। यह पुस्तक पहले दृष्टिकोण का समर्थन करती है और दूसरे का खण्डन।" यह एक प्रकार से हिन्दी क्षेत्र में आधुनिक संवेदना के उदय की व्याख्या है। लेखक ने

भारतेन्दु की स्वदेशी-भावना से जोड़कर इसे देखा है, और अनेक साक्ष्यों पर स्पष्ट किया है कि अंग्रेज़ी शासन की शोषण-नीति के विरुद्ध इस युग के साहित्य में 'जागरण भली-भाँति व्यक्त हुआ है।' ('भारतेन्दु-युग', पृ. 10) स्वदेशी वस्तुओं के व्यवहार का प्रतिज्ञा-पत्र भारतेन्दु ने 23 मार्च, 1874 की 'कवि-वचन-सुधा' में प्रकाशित किया था। रामविलास शर्मा ने ठीक ही लिखा है, "यह प्रतिज्ञा-पत्र भारतीय स्वाधीनता के इतिहास में स्वर्णाक्षरों में लिखा जाने योग्य है।" (भारतेन्दु-युग, 3)

पुनर्जागरण के सामान्यतः दो लक्षण देखे जा सकते हैं। एक तो यह दो संस्कृतियों की टकराहट से उत्पन्न ऊर्जा है, और दूसरे इसमें मनुष्य के समग्र विकास की चेष्टा है। संस्कृतियों की टकराहट तब भी हुई थी जब इस देश में इस्लाम का आगमन हुआ था। पर उसे पुनर्जागरण नहीं कहा जाता, क्योंकि ये दोनों संस्कृतियाँ अपने रूप में मूलतः धार्मिक थीं। इसलिए तब कुछ सांस्कृतिक मेल-जोल ने साहित्य, संगीत और कलाओं के क्षेत्र को प्रभावित किया था। पर उन्नीसवीं शती की टकराहट एक प्राचीन, धर्म-भावना से सम्पन्न संस्कृति और एक नयी, वैज्ञानिक चेतना लिये संस्कृति के बीच थी। जब कोई संस्कृति अपने भीतर की शक्ति को चुका हुआ पाती है तो बाहर की चुनौती उसे फिर से शक्तिसम्पन्न करती है। इस रूप में उन्नीसवीं शती का पुनर्जागरण अंग्रेज़ों की भारतवर्ष की देन नहीं है, वह दो भिन्न प्रकृति की संस्कृतियों में टकराहट से उत्पन्न नयी ऊर्जा है। बंगाल में आरम्भ हुई यह टकराहट मध्यदेश में अधिक प्रखर रूप से राष्ट्रीय हो जाती है, और उसके वाहक बनते हैं भारतेन्दु हरिश्चन्द्र। 'कवि-वचन-सुधा' में स्वदेशी का प्रतिज्ञा-पत्र प्रकाशित होना आज कुछ अटपटा-सा लग सकता है, पर वह पुनर्जागरण की मूल संश्लिष्ट प्रकृति के अनुकूल है। और यह भावना सिर्फ़ भारतेन्दु तक सीमित होकर नहीं रह गयी, उस युग के, और बाद के भी अनेक लेखकों ने इस चिन्ता को विकसित किया। रामविलास शर्मा ने भारतेन्दु-युग की पत्रकारिता, निबन्ध और नाटक साहित्य से प्रभूत उदाहरण देकर दिखाया है कि "भारतेन्दु ने स्वदेशी-आन्दोलन का सूत्रपात किया था; भट्ट जी तथा अन्य लेखक इस आन्दोलन को बराबर बढ़ाते रहे थे।" (भारतेन्दु-युग, 32)

इस प्रसंग में लेखक ने बड़ी सावधानी के साथ यह भी स्पष्ट कर दिया है कि भारतेन्दु-युग का जागरण हिन्दू पुनरुत्थान नहीं है। बलिया व्याख्यान का यह अंश उन्होंने उद्धृत किया है, "इस महामन्त्र का जप करो, जो हिन्दुस्तान में रहे, चाहे किसी रंग, किसी जाति का क्यों न हो, वह हिन्दू है। हिन्दू की सहायता करो। बंगाली, मराठा, पंजाबी, मदरासी, वैदिक, जैन, ब्रह्मो, मुसलमान सब एक का हाथ पकड़ो।" (भारतेन्दु-युग, 42) 'हिन्दू' की इस व्याख्या में भारतेन्दु का अन्तर बंकिम बाबू से (द्र. 'सीताराम' उपन्यास : 'हिन्दू को हिन्दू न बचायेगा तो कौन बचायेगा?') स्पष्ट समझा जा सकता है। स्वदेशी की भावना और राष्ट्र की धर्म-निरपेक्ष परिकल्पना में भारतेन्दु का चिन्तन अग्रगामी कहा जायेगा। वे आधुनिक संविधान को बहुत पहले से पूर्वाशित करते दिखायी देते हैं।

पर इस व्यापक भावभूमि के पीछे भारतेन्दु की गहरी हिन्दू-आस्था को रामविलास स्पष्ट नहीं करते। भारतेन्दु ऐसे भक्त थे जो समकालीन राजनीति पर पूरी दृष्टि रखते थे और उनकी रचना इस पूरी स्थिति में से निष्पन्न होती थी। एक ओर 'श्रीचन्द्रावली' नाटिका है जिसमें चन्द्रावली के माध्यम से लेखक ने अपनी 'प्रेमा-भक्ति' को निष्ठापूर्वक अभिव्यक्ति दी है, जिसमें केवल नारी पात्र हैं, कृष्ण भी रंगमंच पर जोगिन के वेष में आते हैं। दूसरी ओर 'मुद्राराक्षस' का रूपान्तर है जिसमें नारी पात्रों का प्रायः एकान्त अभाव है और जहाँ कूटनीति के दाँव-पेंच पूरी जटिलता में अंकित हुए हैं। इन दोनों को मिलाकर भारतेन्दु का संश्लिष्ट व्यक्तित्व बनता है, जो पुनर्जागरण-चेतना के अनुरूप है। हिन्दी साहित्य में पुनर्जागरण भारतेन्दु के माध्यम से अवतरित होता है, और तब यह स्वाभाविक है कि वे आधुनिक काल के प्रवर्त्तक माने जाते हैं। टैक्स, महामारी, धन के विदेशों में प्रवाह के विरुद्ध वे आवाज़ उठाते हैं, स्वदेशी और मातृभाषा के प्रयोग के लिए आग्रह करते हैं, और कृष्ण की अनन्त प्रतीक्षा में आँखें खुली-की-खुली रह जाने का मार्मिक उल्लेख करते हैं, जिन आँखों की ओर रामविलास कभी नहीं देखते यह अनदेखी उनकी पूरी समीक्षा-प्रक्रिया में बार-बार खटकती है, पर जो शायद उनकी चिन्तन-प्रक्रिया का अनिवार्य परिणाम है। भारतेन्दु या कि निराला के कृतित्व में—व्यक्तित्व

की बात यहाँ छोड़ दें—व्यापक आस्तिक हिन्दू पक्ष की उपेक्षा, उन रचनाकारों के सम्पूर्ण स्वरूप को समझने में हमेशा बाधक होगी। रामविलास शर्मा इन दोनों ही कृतिकारों की समीक्षा में इस एक महत्त्वपूर्ण बिन्दु पर ऊने पड़ते हैं। अन्तरराष्ट्रीय आग्रह राष्ट्रीय और जातीय मानस की समझ में आड़े आते हैं और विडम्बना यह है कि इन राष्ट्रीय और जातीय पक्षों पर समीक्षक बल बराबर देता रहा है। भारतेन्दु और निराला के विचारों को पकड़ने में रामविलास शर्मा की जैसी प्रखरता है वैसी उनके संस्कारों को समझने में संवेदनशीलता नहीं है। राम और कृष्ण इन रचनाकारों के लिए निरे प्रतीक या 'मिथ' नहीं हैं, वे उनकी आस्था के अनिवार्य अंग हैं, इस एक तथ्य का सामना करने में आलोचक को कठिनाई होती है। पर बिना इसे समझे और बूझे इन रचनाकारों के साथ न्याय नहीं होता। टैक्स का विरोध, स्वदेशी का आग्रह और कृष्ण की अनन्त प्रतीक्षा में खुली आँखों का उल्लेख—यह आधुनिक मानव-जीवन की समग्र प्रस्तावना है जो पुनर्जागरण की मुख्य भावभूमि है। एक उल्लेखनीय तथ्य यह है कि स्वदेशी के प्रतिज्ञा-पत्र में भारतेन्दु विदेशी वस्त्रों के बहिष्कार की बात कहते हैं पर जो विदेशी कपड़े पहले से हैं उन्हें जलाने की प्रेरणा नहीं देते, आगे चलकर जिस एक विषय पर गाँधी और गुरुदेव रवीन्द्रनाथ का प्रसिद्ध मतभेद चला था। गाँधी ने विदेशी वस्त्रों को जलाने का आग्रह किया था, रवीन्द्रनाथ जिसके पक्ष में न थे। यहाँ भारतेन्दु एकबारगी गाँधी और रवीन्द्रनाथ के सम्पृक्त स्वरूप को पूर्वाशित करते हैं, स्वदेशी और अन्तरराष्ट्रीयता की एक सम्मिलित भावभूमि खोजते हैं। यह है मध्यदेशीय पुनर्जागरण का वास्तविक स्वरूप। रामविलास शर्मा की भारतेन्दु-युग की व्याख्या इनमें से कुछ मान्यताओं को रेखांकित करती चलती है।

भारतेन्दु-युग में सामाजिक समता की भावना धीरे-धीरे उभरती है। समीक्षक ने इस प्रसंग में श्रीनिवासदास के नाटक 'रणधीर प्रेममोहिनी' के कुछ अंश उद्धृत किये हैं, जहाँ "पर आधुनिक साहित्य में पहली बार एक व्यक्ति ने अपनी झोंपड़ी पर अभिमान प्रकट करते हुए अपने-आपको मनुष्य होने के नाते राजा के बराबर कहा है।" (भारतेन्दु-युग, 56) राष्ट्र की धर्म-निरपेक्ष परिकल्पना भी धीरे-धीरे भारतेन्दु-मण्डल के

लेखकों में परिव्याप्त हो रही थी। चौधरी बदरी नारायण 'प्रेमघन' ने लिखा था–

हिन्दू मुस्लिम जैन पारसी ईसाई सब जात।
सुखी होंय हिय भरें 'प्रेमघन' सकल भारती भ्रात॥

"सकल भारती भ्रात" भारतमाता की आधुनिक परिकल्पना के कितना निकट पहुँचता है।

भारतेन्दु-युग की प्रगतिशील विचारधारा का विवेचन करते हुए रामविलास शर्मा कई बार अकारण ही गाँधी को पुराणपन्थी सिद्ध करते चलते हैं, "गाँधी जी की मध्यकालीन मनोवृत्ति से साहित्य में विज्ञान और मशीन से प्रेम कम हो गया है।" (भारतेन्दु-युग, 115) भारतेन्दु-युग को आगे बढ़ाने के लिए बेचारे गाँधी की यह लगे-हाथ अवमानना समीक्षक की इतिहास-दृष्टि में कुछ जोड़ती नहीं। यह कुछ वैसा ही कथन है जैसा उन्होंने स्वयं अपनी पुस्तक के विरोधियों का भाव ग्रन्थ की भूमिका में उद्धृत किया है, "एक बुजुर्ग ने लिखा था, भारतेन्दु-युग को प्रगतिशील सिद्ध करने की कोशिश वैसे है जैसे लोग लिप्टन की चाय को भारतीय सिद्ध करते हैं।" रामविलास की युवा विवेचन-दृष्टि कहीं-कहीं चाहने पर बिना किसी प्रमाण या साक्ष्य के बुज़ुर्गाना सलाह का रूप धारण कर ले, यह अपने में अटपटा लगता है।

भारतेन्दु-युग पर लिखते समय समीक्षक की दृष्टि समकालीन परिदृश्य पर है तो यह उचित है। भारतेन्दु-गाँधी के इस उतार-चढ़ाव प्रसंग को यदि फ़िलहाल छोड़ दिया जाये तो लेखक की एकदम आरम्भिक मान्यता सही दिखायी देती है, "यदि मुझे भारतेन्दु-युग से आज के युग का एक घनिष्ठ सम्बन्ध न दिखायी देता तो मैं यह पुस्तक अभी न लिखता। यह सोचकर कि आज की समस्याओं को सुलझाने के लिए हमें उस युग से कुछ प्रेरणा मिल सकती है, मैंने इसे लिखना प्रारम्भ किया।" (प्रथम संस्करण की भूमिका) यह इतिहास के सही प्रयोग की प्रक्रिया है। हम जहाँ और जैसे हैं, अपने आधुनिक दृष्टिकोण और अन्तर्विरोधों के साथ भारतेन्दु उसके पीछे हैं। थे नहीं। इस प्रसंग में समीक्षक की टिप्पणी सार्थक है, "प्रगति के लिए अतीत और अनागत का क्रम बँधा रहना चाहिए।" (भारतेन्दु-युग, 125) यहाँ इतिहास का बोझ नहीं, परम्परा की शक्ति है, और प्रगति की पहिचान है।

भारतेन्दु और उनके सहयोगियों की शक्ति का मुख्य स्रोत तत्कालीन जन-जीवन है। उनकी सारी रचना-प्रक्रिया वहीं से गति पकड़ती है। लोक-चिन्ता—टैक्स और महामारी तथा महँगाई की, अंग्रेज़ी तथा अंग्रेज़ों के शोषण की—उनके मुख्य विषय हैं। काव्य-रूपों में लावनी, मुकरी, चूरन के लटके और समस्या पूर्ति हैं। काव्यभाषा के स्तर पर वैचारिक गद्य खड़ी-बोली के उस रूप में है जो ब्रजभाषा से एकदम अलग नहीं हो गया है, और संस्कारी कविता परम्परागत ब्रजभाषा में है, पर जो रीतिकालीन कवियों की तुलना में अधिक स्वच्छ और निर्मल है, और जिसमें अप्रचलित प्रयोग और विकृत शब्द-रूप नहीं भरे हैं। भारतेन्दु द्वारा ग्राम गीतों को प्रोत्साहन (भारतेन्दु-युग, 12) और उनका उपयोग लोक-जीवन से इस तादात्म्य के ही कारण है। रामविलास शर्मा की यह मान्यता इस सन्दर्भ में एकदम सही है, "भारतेन्दु-युग की यही सबसे बड़ी खूबी है, वह जनता का साहित्य है।" (भारतेन्दु-युग, 124) यदि इस रचना-प्रक्रिया का काव्यभाषा के स्तर पर विश्लेषण किया जाये तो स्पष्ट होगा कि हिन्दी साहित्य के आदिकाल की तरह आधुनिक काल का यह प्रथम चरण है जहाँ लोकसाहित्य और शिष्ट साहित्य, तथा आधुनिक सन्दर्भ में पत्रकारिता और साहित्य के बीच संक्रमण अभी चल रहा है। बहुत-कुछ इसी बात को रामविलास शर्मा ने अपने ढंग से यों कहा है, "उनकी प्रतिभा की यह विशेषता है कि वह लोक-साहित्य के स्तर पर ही सबसे ज़्यादा अपना चमत्कार दिखाती है।" (भारतेन्दु-युग, 320)

बंगाल के जागरण में, जहाँ से समूची प्रक्रिया आरम्भ हुई थी, धार्मिक-सामाजिक-सांस्कृतिक तत्त्व प्रबल थे। मध्यदेश, या कि भारतेन्दु के 'पश्चिमोत्तर देश' में राजनैतिक स्वर भी प्रबल हुआ, और जिसके प्रमुख माध्यम भारतेन्दु स्वयं थे। स्वदेशी और धर्म-निरपेक्ष राष्ट्रीय भावना के साथ साम्राज्यवाद-विरोधी मनोभाव के प्रबल होने का संकेत समीक्षक ने दिया है, जो भारतेन्दु की जनवादी विचारधारा के अनुकूल हैं। अंग्रेज़ी साम्राज्य के प्रति उनका समूचा दृष्टिकोण इन दो पंक्तियों में आ जाता है—

अँगरेज राज सुख साज सजै सब भारी।
पै धन बिदेस चलि जात इहै अति ख्वारी॥

अंग्रेज़ों के प्रति आ-विकर्षण भाव का सूत्र यहीं मिलता है जो आगे चलकर भारतीय मानस को बराबर बाँटे रहा। मुसलमान शासकों के पिछले अत्याचारों के बावजूद मुसलमान जाति के प्रति भारतेन्दु की सहानुभूति कभी कम नहीं हुई, जिसका मुख्य प्रमाण उनका मृत्यु से एक वर्ष पहले प्रकाशित 'पंच पवित्रात्मा' शीर्षक निबन्ध-संग्रह है जिसमें 'महात्मा मुहम्मद', 'बीबी फ़ातिमा', 'आदरणीय अली की मृत्यु का समाचार', 'इमाम हसन और इमाम हुसैन'—ये चार निबन्ध थे जिनमें पाँच पवित्रत्माओं की जीवनी लिखी गयी थी।'' (भारतेन्दु-युग, 321) धर्म-निरपेक्षता के साथ भारतेन्दु में अन्तरराष्ट्रीय स्तर पर समझ और सहानुभूति थी। 1870 में हुए फ्रांस और जर्मनी के युद्ध में उनकी सहानुभूति जर्मन सेना से आक्रान्त फ्रांस देश के प्रति थी। इस सिलसिले में कुछ चन्दा एकत्र करने का उपक्रम भी उन्होंने किया और विज्ञप्ति दी कि ''फरासीस में जो युद्ध हुआ है और हो रहा है उसका वर्णन जो कोई नाटक की रीति से करैगा उसको मेरी ओर से 400/- रु. पारितोषिक मिलैगा।'' यों मध्यदेश का पुनर्जागरण और हिन्दी साहित्य का आधुनिक काल जिस भावभूमि में आरम्भ होता है वहाँ स्वदेशी, राष्ट्रीयता, धर्म-निरपेक्षता और अन्तरराष्ट्रीयता के तन्तु एक-दूसरे से मिले हुए हैं। भारतेन्दु का मूल मन्त्र था, ''परदेशी वस्तु और परदेशी भाषा का भरोसा मत रखो।'' यहाँ परदेशी के प्रति घृणा नहीं, बल्कि आत्म-निर्भरता की आकांक्षा प्रकट होती है। रामविलास शर्मा ने 'कविवचन सुधा' के सिद्धान्त-वाक्य में 'स्वत्व निज भारत गहै' को केन्द्रीय स्थान देकर उसकी सही व्याख्या की है। (भारतेन्दु-युग, 332) यहाँ भारत की राजनैतिक स्वाधीनता की जितनी व्यंजना है उससे कम देश की सांस्कृतिक अस्मिता का भाव नहीं है। गद्य में यह पंक्ति होगी, जैसा कि समीक्षक ने लिखा है, 'भारत निज स्वत्व गहै।' पर कविता की लय सही है, जहाँ प्राथमिक बल 'स्वत्व' पर है। इस समूचे साक्ष्य पर रामविलास शर्मा का निष्कर्ष बनता है ''आधुनिक हिन्दी साहित्य इस क्रान्तिकारी राष्ट्रीय चेतना के साथ शुरू होता है।''

अंग्रेज़ों के प्रति भारतेन्दु-युग के लेखकों के आकर्षण-विकर्षण भाव की चर्चा कई बार होती है। ''एक ओर उसमें महारानी विक्टोरिया का

गुणगान और समस्यापूर्ति है तो दूसरी ओर आर्थिक और राजनैतिक समस्याओं पर क्रान्तिकारी ढंग से प्रकाश भी डाला गया है।'' (भारतेन्दु-युग, 68) पुनर्जागरण की सांस्कृतिक टकराहट का यह समानान्तर, और फिर अवशिष्ट भाव कहा जा सकता है, जो अब तो महज़ एक सम्मोहन है! जब यह भाव क्रियाशील था तो निश्चय ही अन्तर्विरोध की स्थिति भी बनती थी, जैसा कि समीक्षक ने लक्ष्य किया है, ''दरबारी संस्कृति और राजभक्ति से देशभक्ति और जनसंस्कृति की नयी परम्परा टक्कर ले रही थी'' (भारतेन्दु-युग, 127) पर दिखावा किसी ओर न था। आकर्षण जितना वास्तविक था वैसा ही विकर्षण भी था। इस्लाम के साथ सांस्कृतिक टकराहट, जैसा संकेत किया गया, दूसरी तरह की थी, इसीलिए उस के साथ वैसा आकर्षण-विकर्षण भाव नहीं बना। आन्तरिक स्तर पर आ-विकर्षण के ये तनाव भारतेन्दु हरिश्चन्द्र, स्वामी दयानन्द और राधाचरण गोस्वामी के बीच दिखते हैं। ये छूते-काटते, जटिल होते सम्बन्ध आधुनिक भावबोध की आन्तरिक पहचान बनते हैं। पहले से शमित 'अठारहवीं सदी की मिली-जुली लोक-साहित्य-परम्परा' (भारतेन्दु-युग, 303) पीछे से आ रही थी पर भारतेन्दु-युग को गतिशील करने में ये नये तनाव प्रमुख भूमिका निभा रहे थे।

रामविलास शर्मा ने भारतेन्दु-युग की प्रतिभा को मूलतः रचनात्मक माना है, ''आज के युग में विश्लेषण और विवेचन का ज़ोर है; भारतेन्दु-युग की प्रतिभा मूलतः रचनात्मक थी।'' (भारतेन्दु-युग, 91) इस निष्कर्ष पर कुछ पुनर्विचार अपेक्षित है। भारतेन्दु के समय में मूलतः वैचारिक आन्दोलन प्रमुख था, जिसके कुछ पक्षों का अभी विवेचन किया गया और जिसके मुख्य माध्यम थे—पत्रकारिता, निबन्ध—जिसे समीक्षक ने 'भारतेन्दु-युग का सबसे विकसित साहित्यिक रूप' बताया है-134 व्याख्यान और नाटक। कविता अभी तक अधिकतर ब्रजभाषा में थी, और प्रकृति में परम्परित थी। कहीं कुछ समीक्षक द्वारा संकेतित आत्मीयता के नये संस्पर्श के बावजूद भारतेन्दु की अपनी व्यवस्था कुछ ऐसी थी : आन्दोलन-विचार-खड़ीबोली-गद्य तथा रचना-संस्कार-ब्रजभाषा-कविता। भारतेन्दु विचारों से जितने आधुनिक थे उतने संस्कारों से नहीं। और यह स्वाभाविक था। पहले विचार बदलते हैं, और तब संस्कार उनका अनुसरण

करते हैं। इस सन्दर्भ में उनके साहित्यिक व्यक्तित्व की यह व्यवस्था—सजग हो या सजग बुद्धि से—बहुत कुशल और उपयुक्त थी। संस्कारों की आधुनिकता का आरम्भ छायावाद-युग से देखा जा सकता है, जहाँ काव्यभाषा का आरम्भ छायावाद-युग से देखा जा सकता है, जहाँ काव्यभाषा भी एकरूप होकर अधिक अर्थ-क्षम होती है कविता और गद्य दोनों क्षेत्रों में। यदि समीक्षक के उपर्युक्त वाक्य का यह आशय लिया जाय कि आधुनिक युग की जटिल और संश्लिष्ट संवेदना की तुलना में भारतेन्दु-युग की संवेदना अपेक्षया सीधी-सरल थी, और उसके अन्तर्विरोध भी साफ़ दिखते थे, तो यह मान्यता अधिक ग्राह्य हो सकती है।

भारतेन्दु के खड़ीबोली और ब्रजभाषा प्रयोग का विवेचन करते हुए रामविलास शर्मा ने एक महत्त्वपूर्ण बात कही है जो सर्वथा उनके योग्य है, "यदि भारतेन्दु का वही मत होता, तब भी उसका खण्डन आवश्यक था। क्या साहित्य में, क्या समाज में, हम तभी उन्नति कर सकते हैं जब हम बड़े-से-बड़े लेखक या नेता के बारे में आवश्यकता पड़ने पर यह कह सकें कि वह ईश्वर नहीं है, आगे बढ़ने का मार्ग बन्द नहीं हो गया। खड़ीबोली के लिए आन्दोलन करनेवालों में यह साहस था, इसीलिए उनकी जीत हुई।" (भारतेन्दु-युग, 119) इस सन्दर्भ में हमें समझना होगा कि लेखकों के लिए आज बहुप्रचलित 'फ्रॉयडवादी', 'मार्क्सवादी', 'गाँधीवादी' विशेषण वैचारिक या कि रचनात्मक सम्भावनाओं की कितनी बड़ी अवमानना है। भारतेन्दु स्वयं आत्मचेता थे, और निडर आत्मविश्वासी लेखक थे— "सीधेन सों सीधे, महा बाँके हम बाँकेन सौं, हरीचन्द नगद दमाद अभिमानी के।" उस युग के चरित्र में समीक्षक ने इस भाव को रेखांकित किया है।

भारतेन्दु-युग के चित्र में यथार्थवाद का रंग गहरा है। प्रसाद ने अपने यथार्थवादवाले निबन्ध में भारतेन्दु को यथार्थवाद का प्रवर्त्तक माना है। नाटक, निबन्ध, पत्रकारिता सभी इसका साक्ष्य प्रस्तुत करते हैं, और 'अन्धेर नगरी' अपने सांकेतिक विधान में जिसका सर्वोत्कृष्ट कला-रूप है, एक शाश्वत नाटक जो न कला के स्तर पर खत्म होता है और न यथार्थ के। पहली स्थिति से सामाजिक जितने तुष्ट होते हैं उससे कम खिन्न नहीं

होते दूसरी स्थिति के कारण, पर वह अलग बात है। समीक्षक के यथार्थ और व्यंग की इस मिली-जुली शैली को भारतेन्दु के निबन्धों का प्रमुख आकर्षण माना है, ''यह निबन्ध-कला ही रीतिकालीन साहित्य से पूरी तरह नाता तोड़ती है और हिन्दी में यथार्थवाद के विकास का रास्ता दिखाती है।'' (भारतेन्दु हरिश्चन्द्र, 68)

भाषा-प्रयोग के सिलसिले में रामविलास शर्मा का व्यापक अध्ययन कई रूपों में महत्त्वपूर्ण है। पर भारतेन्दु-युग की भाषा-समस्या पर उन्होंने जैसे व्यावहारिक साक्ष्यों के बीच से विवेचन किया है वह अपने में एक विशिष्ट उपलब्धि है। 'भारतेन्दु-युग' पुस्तक 1975 के पाँचवें संस्करण में परिवर्द्धित होकर 'भारतेन्दु-युग और हिन्दी भाषा की विकास परम्परा' हो जाती है। इसके पीछे भारतेन्दु की टिप्पणी ''हिन्दी नये चाल में ढली—1873 ई.'' की 1973 में शतवार्षिकी है। इस सन्दर्भ में भारतेन्दु-युग की व्याख्या सबसे ज़रूरी, और शायद सबसे महत्त्वपूर्ण है।

फ़ैलन के कोश (1879) पर विचार करते हुए रामविलास शर्मा ने उनके द्वारा प्रयुक्त 'हिन्दी स्पीकिंग पीपुल' या कि 'हिन्दी भाषी जनता' की अवधारणा को अपने विवेचन में केन्द्रीय महत्त्व दिया है। यह ''हिन्दी भाषी जनता भारत की अन्य इकाइयों की तरह एक अविभाज्य इकाई है। धर्म और लिपि के नाम पर उसे बाँटा नहीं जा सकता।'' (भारतेन्दु-युग, 258) इस आधार पर उन्होंने खड़ीबोली हिन्दी, उर्दू और ब्रजभाषा की सम्मिलित भाषा-प्रक्रिया का विवेचन किया है, और दिखाया है कि ''इस नीति पर यदि किसी युग के अधिकांश लेखकों ने अमल किया है तो वह भारतेन्दु-युग है।'' (263) हिन्दी भाषी जनता के जातीय स्वरूप और संस्कृति, जो अंग्रेज़ों की नीति से अभी बहुत प्रदूषित नहीं है, की यह व्याख्या भारतेन्दु-युग का सच्चा चित्र सामने लाती है। भारतेन्दु से पहले से चली आनेवाली हिन्दी-उर्दू की मिली-जुली परम्परा का समीक्षक ने उत्तरार्द्ध के कई निबन्धों में विस्तृत विवेचन बहुविध साक्ष्यों के साथ किया है। इस परम्परा के विकास में अपने कार्य-नगर आगरा के योगदान का नज़ीर अकबराबादी के सहारे से उनका उल्लेख बहुत उपयुक्त है। भाषा के इस रूप की छान-बीन करते हुए वे लिखते हैं, ''अनेक रूपोंवाली यह गैर-टकसाली ब्रज-प्रवाहित हिन्दी-उर्दू बड़ी जानदार है।'' (भारतेन्दु-युग, 180)

इसी प्रसंग में गद्य और कविता के तत्कालीन अलग-अलग भाषा-रूपों की बात आती है। समीक्षक ने 'खड़ीबोली और ब्रजभाषा' खण्ड में स्मरण दिलाया है कि भारतेन्दु स्वयं इस द्वैत को लेकर चिन्तित थे। उन्होंने खड़ीबोली में अपने कुछ छन्द 1881 के 'भारतमित्र' में प्रकाशित कराये थे, इस पत्र के साथ ''प्रचलित साधुभाषा में कुछ कविता भेजी है। देखियेगा कि इसमें क्या कसर है और किस उपाय के अवलम्बन करने से इसमें काव्य-सौन्दर्य बन सकता है। इस सम्बन्ध में सर्वसाधारण की सम्मति ज्ञात होने से आगे से वैसा परिश्रम किया जायगा।'' यह 'सर्वसाधारण' तब तक हिन्दी की जातीय परम्परा को बाँटकर नहीं देखता, इसीलिए कवि की उसमें आस्था और भी गहरी तथा सच्ची है। हिन्दी जाति की विशालता को देखते हुए भारतेन्दु की हिन्दी के अनेक रूप हैं, जिनकी चर्चा समीक्षक ने की है (भारतेन्दु-युग, 273), और निष्कर्ष निकाला है, ''हमारी जातीय भाषा हिन्दी—और हमारी राष्ट्रभाषा हिन्दी—अनेक गैर-टकसाली रूपों में बोली जाती है। यह उसके प्रसार और शक्ति का प्रमाण है। प्रतिभाशाली कलाकार इन रूपों के व्यवहार से साहित्य में चमत्कार उत्पन्न करते हैं।'' (279)

रामविलास शर्मा ने पर्याप्त शोध के आधार पर यह भी स्पष्ट किया है कि खड़ीबोली की यह जातीय परम्परा भारतेन्दु के पहले से चली आ रही थी। भारतेन्दु ने अपनी 'हिन्दी भाषा' शीर्षक निबन्ध में बनारस के लोगों की भाषा पर विचार करते हुए उनके घर की बोली और शिष्ट भाषा में अन्तर यों समझाया है, ''जो बनारस के पुराने रहवासी हैं उनके घर में विचित्र-विचित्र बोलियाँ बोली जाती हैं...जो यहाँ के शिष्ट लोग बोलते हैं वह परदेसी भाषा है और यहाँ पश्चिम से आयी है।'' (भारतेन्दु-हरिश्चन्द्र, 127) उस समय की लोक-कविता में स्वयं खड़ीबोली के कई रंग हैं यह समीक्षक ने अनेक उदाहरणों के साथ दिखाया है, ''इन सभी की भाषा खड़ीबोली है, कहीं 'उर्दू', कहीं 'हिन्दी' अक्सर ब्रजभाषा से प्रभावित।'' (भारतेन्दु-युग, 313) उर्दू के प्रति भारतेन्दु को लगाव था, वे उसमें काव्य-रचना करते थे, पर उसे पश्चिमोत्तर देश की जातीय भाषा के रूप में स्वीकार नहीं करते थे। वे खड़ीबोली की लोक या शिष्ट परम्परा के रूप में उर्दू को मानते थे, जहाँ उर्दू का प्रयोग राजनैतिक उद्देश्यों के लिए

होता था वहाँ वे उसके विरोधी थे। इस अन्तर्विरोध को रामविलास शर्मा ने पकड़ा है, "भारतेन्दु हरिश्चन्द्र उर्दू के विरोधी थे और उर्दू के समर्थक थे। उस युग की सांस्कृतिक परिस्थितियों में यह अन्तर्विरोध निहित था..." (318) न्यस्त स्वार्थों के लिए शिष्ट स्तर के द्वन्द्व को लोक के सीधे-सरल स्तर पर शमित किया जा सकता है, और यही रामविलास शर्मा ने किया है, भारतेन्दु द्वारा प्रस्तुत प्रमुखतः ग़ज़लों के संकलन 'गुलज़ारे पुरबहार' की व्यापक संकलन-भूमि को उजागर करके। भारतेन्दु की भाषा-सम्बन्धी विचारधारा पर उनका निष्कर्ष कहा जा सकता है, "उनका भाषा-सम्बन्धी आन्दोलन उनके स्वदेशी आन्दोलन का अंग बन गया।" (भारतेन्दु हरिश्चन्द्र, 53)

भारतेन्दु पुनर्जागरण के वास्तविक नेता थे। उनका साहित्यिक-सांस्कृतिक कार्य सामाजिक-धार्मिक, आर्थिक-राजनैतिक सभी पक्षों से जुड़ा हुआ था। समूचे परिदृश्य पर साहित्य की भावभूमि से उठनेवाला ऐसा दूसरा व्यक्तित्व हमें उस काल में नहीं मिलता। पुनर्जागरण के सभी कार्यकर्त्ताओं से उन्होंने सहज बन्धुत्व रखा। 'हरिश्चन्द्र चन्द्रिका' के अन्तिम पृष्ठ पर सम्पादकों की नामावली में स्वामी दयानन्द का नाम रहता था (भारतेन्दु-युग, 80), ईश्वरचन्द्र विद्यासागर ने उन्हें अपना 'शकुन्तला नाटक' समर्पित किया था (123), स्वयं विद्यासागर की प्रशंसा में उन्होंने एक मुकरी लिखी थी (भारतेन्दु हरिश्चन्द्र, 46), और माइकेल मधुसूदन दत्त के निधन पर 10 जुलाई, 1873 की 'कविवचन-सुधा' में शोक-टिप्पणी। बंगाल और पश्चिमोत्तर देश यहाँ अपनी-अपनी कुण्ठाओं के बावजूद घुल-मिल रहे हैं। ऐसे जाग्रत व्यक्तित्व के सम्बन्ध में रामविलास शर्मा का यह कथन "सरस्वती-साधना से अधिक यह उनकी समाजहित-साधना का ही परिणाम है।" (भारतेन्दु-युग, 54) उस स्तर का सरलीकरण हो गया है जहाँ प्रश्न पूछा जाता है, "कबीर कवि बड़े थे या समाज-सुधारक?" भारतेन्दु पुनर्जागरण के नेता थे, यह अपने में महत्त्वपूर्ण है, और वे रचनाकार थे, यह अपने में महत्त्वपूर्ण है, और इन दोनों से महत्त्वपूर्ण यह है कि वे दोनों एक साथ थे, जिससे व्यक्तित्व के दोनों पक्ष समृद्धतर हुए। इस संश्लिष्टतर रूप में पुनर्जागरण के वे अकेले मनीषी थे।

और उनकी रणनीति थी, जिसे उन्होंने अपने बलियावाले व्याख्यान में स्पष्ट किया था, "जब तक सौ-दो सौ मनुष्य बदनाम न होंगे, जात से

बाहर न निकाले जायेंगे, दरिद्र न हो जायेंगे, क़ैद न होंगे वरंच जान से न मारे जायेंगे तब तक कोई देश भी न सुधरेगा।'' यहाँ कवि और क्रान्तिकारी की भूमिकाएँ घुल-मिल रही हैं। ऐसा व्यक्तित्व पुनर्जागरण चेतना की सृष्टि है तो दूसरी ओर उसका स्रष्टा भी है। पर समीक्षक की रुचि जितनी विधारधारा के विश्लेषण में सक्रिय होती है उतनी रचना की समझ में नहीं, रचनाकार व्यक्तित्व चाहे भारतेन्दु का हो चाहे निराला का। इसीलिए कृतित्व की समग्रता की उतनी गहरी पहिचान नहीं बनती जितनी कि कृतिकार की बतायी हुई दिशा की। 'भारतेन्दु हरिश्चन्द्र' की भूमिका में रामविलास शर्मा ने बड़ी आस्था के साथ लिखा है, ''भारतेन्दु हिन्दी की जातीय परम्परा के संस्थापक हैं; मुख्यतः उनकी बतायी हुई दिशा में चलकर ही हमारा साहित्य उन्नति कर सकेगा।'' यह 'बतायी हुई दिशा' स्वभावतः आगे कुछ उपदेशात्मक रूप ग्रहण कर लेती है। मूल ग्रन्थ के अन्तिम अनुच्छेद में समीक्षक लिखता है, ''आजकल हिन्दी साहित्य पर तरह-तरह की विचारधाराओं के प्रभाव डाले जा रहे हैं। इनका उद्देश्य है कि समाज संस्कार और देशोन्नति से हटाकर साहित्य को निर्जीव और अन्तर्मुखी बना दिया जाये। इन प्रभावों से हमें अपने साहित्य की रक्षा करनी चाहिए, उसकी जातीय विशेषताएँ पहचानना चाहिए, उन्हें पुष्पित और पल्लवित होने का अवसर देना चाहिए। इसलिए आजकल भारतेन्दु के जीवन और साहित्य के अध्ययन का विशेष महत्त्व है।'' पूरे अनुच्छेद की बनावट और अन्तिम वाक्य के प्रवाह में भारतेन्दु नाम कुछ अटपटा लगता है, उसकी जगह दयानन्द शायद अधिक सहज और सार्थक लगे।

पर यह तो एक रामविलासी बात हुई। प्रमुखता बात की उतनी नहीं जितनी दृष्टि की है। अनेक जाल-जंजालों के बीच में समीक्षक ने अपना अध्ययन प्रस्तुत किया है और भारतेन्दु के सम्बन्ध में सही ऐतिहासिक दृष्टि विकसित की है। उसने स्पष्ट किया है, ''भारतेन्दु की परम्परा को दो तरह से तोड़ा-मरोड़ा जाता है। एक तरफ वे लोग हैं जो भारतेन्दु की नयी साहित्यिक चेतना को ब्रिटिश संस्कृति की देन मानते हैं। दूसरी तरफ वे लोग हैं जो भारतेन्दु को शुद्ध रूढ़िवादी बना देते हैं। भारतेन्दु के साहित्य पर सरसरी निगाह डालने से भी मालूम हो जायेगा कि ये दोनों दृष्टिकोण कितने भ्रामक हैं।'' (भारतेन्दु हरिश्चन्द्र, 119) यहाँ जोड़ना

होगा कि भारतेन्दु के साहित्य को कैसी भी सरसरी निगाह से पढ़ा जाये—जैसा कि पढ़ा भी जाता है—रामविलास शर्मा के अध्ययन के साथ वह एक विशिष्ट परिप्रेक्ष्य और सार्थकता प्राप्त कर लेता है। नये-पुराने, आधुनिक-मध्यकालीन, खड़ीबोली-ब्रजभाषा, देशभक्ति-राजभक्ति-जैसे कई तरह के तनाव और अन्तर्विरोधों से युक्त भारतेन्दु-युग की ऐतिहासिक सन्दर्भों में अच्छी पहिचान कराने के लिए रामविलास शर्मा का योगदान असाधारण महत्त्व का है।

•

आधुनिक काव्य (द्विवेदी-युग—छायावाद-
प्रगतिवाद-प्रयोगवाद) और
नन्ददुलारे वाजपेयी

आधुनिक काव्य के विकास की ऐतिहासिक तथा सांस्कृतिक व्याख्या और उसके विवेचन में नन्ददुलारे वाजपेयी का महत्त्वपूर्ण योगदान है। द्विवेदी-युग में आधुनिक खड़ीबोली कविता के उदय से आरम्भ करके छायावाद-प्रगतिवाद तथा प्रयोगवाद की विकास-सरणियों तक को समझने-समझाने का यत्न आचार्य वाजपेयी के आलोचनात्मक अध्ययन की आधार-भूमि है। यह एक अलग बात है कि इस सारी प्रक्रिया में उनके व्यक्तित्व की विशिष्ट सहानुभूति छायावादी काव्य के साथ रही है। उनके गुरु तथा पूर्ववर्ती आलोचक, आचार्य रामचन्द्र शुक्ल जहाँ कुछ ऊने पड़े थे वहाँ उस विवेचन को पूर्णतर बनाने का प्रयास वाजपेयी का है। अपने गुरु-ऋण तथा इतिहास-ऋण को यों वे कई स्तरों पर पूरा करते हैं।

यहाँ आरम्भ में ही कहना होगा कि नन्ददुलारे वाजपेयी ने आधुनिक काव्य के सम्बन्ध में कोई समग्रतः व्यवस्थित अध्ययन प्रस्तुत नहीं किया। उनका सारा लेखन स्फुट निबन्धों के रूप में है, जिसमें एक सूक्ष्म क्रम-योजना प्रायः वैसे ही परिलक्षित की जा सकती है जैसे कि उनके प्रिय कवि प्रसाद के 'आँसू' में। 'कामायनी' के व्यवस्थित, विस्तृत और विशाल फलक पर विकसित प्रबन्ध के समानान्तर उनका कोई समीक्षा-प्रयत्न या कि ऐतिहासिक व्याख्या का रूप नहीं मिलता।

इस प्रसंग में उनके प्रमुख ग्रन्थ हैं—'हिन्दी साहित्य : बीसवीं शताब्दी' (1945 ई.), 'आधुनिक साहित्य' (1950), 'नया साहित्य : नये प्रश्न' (1955), 'आधुनिक काव्य : रचना और विचार' (1962)। ये सभी विविध आधुनिककालीन कवियो-लेखकों तथा प्रवृत्तियों पर अलग-अलग लिखे गये निबन्धों के संकलन हैं। संकलन होने के कारण लेखक ने आरम्भ में हर बार एक लम्बी भूमिका दी है जिसके माध्यम से उसने अपने विवेचन को एक व्यवस्था देने का यत्न किया है। ऐसी भूमिकाओं का एक मरणोत्तर संकलन अलग से प्रकाशित हुआ है—'आधुनिक साहित्य : सृजन और समीक्षा' (1978)। इन सभी शीर्षकों से स्पष्ट है कि समीक्षक का

केन्द्र-बिन्दु बीसवीं शती का आधुनिक या कि नया साहित्य है। 'हिन्दी साहित्य : बीसवीं शताब्दी' की 'विज्ञप्ति' यों खुलती है ''हिन्दी साहित्य : बीसवीं शताब्दी' भी मेरी पहली पुस्तक की ही भाँति विभिन्न समयों में लिखे गये मेरे निबन्धों का संग्रह है। महत्त्वाकांक्षावश मैंने इसका नाम 'हिन्दी साहित्य : बीसवीं शताब्दी' रख दिया है। यह शताब्दी ईसा की है, विक्रम की नहीं, अभी तक इस शताब्दी के आधे वर्ष भी व्यतीत नहीं हुए। प्रस्तुत पुस्तक में प्रारम्भिक चालीस वर्षों के ही कुछ प्रमुख साहित्यिक व्यक्तियों का उल्लेख किया गया है।'' आगे चलकर 'आधुनिक साहित्य' के निबन्धों में इस शताब्दी के पहले पचास वर्षों का विवेचन होता है, ''जब हम 1950 के इस छोर पर खड़े होकर पिछली अर्द्धशताब्दी के हिन्दी साहित्य पर दृष्टिपात करते हैं और सारे दृश्य को एक निबन्ध की परिधि में समेटकर आँकने की चेष्टा करते हैं, तब हमारी पहली प्रतिक्रिया एक अनुपम हर्षोद्रेक की होती है।'' नन्ददुलारे वाजपेयी की 'महत्त्वाकांक्षा' बीसवीं शताब्दी के साहित्य को समझने की है, और हमारी सीमित कांक्षा यहाँ, जबकि इस शताब्दी के तीन चरण बीत चुके हैं, इस समझ और व्याख्या को समझने की है। 'आधुनिक साहित्य' की भूमिका में इतिहास लेखक की भूमिका से अपने को अलगाते हुए वाजपेयी ने स्पष्ट किया है ''वास्तव में इस युग के इतिहास लेखक को इससे कहीं अधिक विस्तृत भूमि और भिन्नताओं में जाना पड़ेगा। अनेकानेक लेखकों की वैयक्तिक कला-विशेषताओं और उनके साहित्यिक निर्माण की समन्तात् छानबीन करनी होगी और निष्कर्ष निकालने होंगे। यहाँ तो केवल इंगित किया जा सका है, एक खाका, जिसमें रंग नहीं भरा गया, एक निदर्शन जिससे विषय का कुछ आभास मिल सके।'' यों समीक्षक का प्रयत्न इतिहास नहीं तो उसका एक 'खाका' तैयार करने का है। पिछली पुस्तक की सरल महत्त्वाकांक्षा अब अधिक यथार्थ भूमि पर आ गयी है।

आधुनिक युग के प्रवर्तन की प्रक्रिया नन्ददुलारे वाजपेयी ने मैथिलीशरण गुप्त के काल से आरम्भ हुई मानी है, ''कुछ लोग हिन्दी कविता में छायावाद के अवतरण से नवीन युग का श्रीगणेश मानते हैं। गीत-काव्य की छटा वास्तव में अभी-अभी देख पड़ी है, पर जहाँ तक नवीन भावनाओं का सम्बन्ध है, हम कह सकते हैं कि गुप्त जी के अन्तःकरण में उसकी

आभा सबसे पहले जगी थी...वे दीनदरिद्र भारत के विनीत, विनयी और नतशिर कवि हैं। कल्पना की ऊँची उड़ान भरने की उनमें शक्ति नहीं है, किन्तु राष्ट्र और युग की नवीन स्फूर्ति, नवीन जागृति के स्मृति-चिह्न हमें हिन्दी में सर्वप्रथम गुप्त जी के काव्य से ही मिलते हैं।'' ('आधुनिक काव्य : रचना और विचार', पृ. 105) यों छायावाद के कवित्व को श्रेष्ठतर मानते हुए भी वे मैथिलीशरण गुप्त के योगदान को सही ऐतिहासिक परिप्रेक्ष्य में रखते हैं। आधुनिक युग का आरम्भ राष्ट्र-जागरण की चेतना के साथ, जिसके प्रथम वाहक कवि मैथिलीशरण गुप्त! आधुनिक भाव-बोध को यदि इतिहास-चक्र और उसके परिचालन की सजग प्रक्रिया से जुड़ा हुआ माना जाये तो नवीन युग का अवतरण राष्ट्र-चेतना के उदय से मानना बिलकुल संगत है। यही कारण है कि वे रत्नाकर के सम्बन्ध में लिखते हैं, ''वह काव्य सुशोभन और गौरवास्पद हो सकता है किन्तु वह युग का अनिवार्य काव्य नहीं कहा जा सकता।''

आधुनिक भाव-बोध के आरम्भिक दौर में पश्चिम का सम्पर्क एक विवादास्पद प्रक्रिया रही है। अलग-अलग समीक्षकों और इतिहासकारों ने इस संघात का मूल्यांकन अपने-अपने ढंग से किया है। वाजपेयी का मानना है कि छायावाद में पश्चिम का सम्पर्क रचनात्मक भाव-भूमि पर रहा जबकि बाद के कवियों में यह महज़ प्रभाव बनकर रह गया। ''छायावादी कवियों ने भी राष्ट्रीय आदर्शों और दार्शनिक भूमिकाओं को केन्द्र में रखकर ही विदेशी वस्तुओं का आनयन किया...मेरा अनुमान है कि यही बात स्वतन्त्रता के पश्चात् के साहित्यिकों के सम्बन्ध में उतनी ही मजबूती से नहीं कही जा सकती।'' ('आधुनिक काव्य'-भूमिका) इस साक्ष्य को स्वीकार करने पर मानना होगा कि राजनैतिक दासता के युग में हम मानसिक रूप से अधिक स्वाधीन थे, और राजनैतिक आज़ादी मिलने पर हमारी मानसिक स्वाधीनता या कि रचनात्मक आत्मविश्वास कम हुआ है। यह नतीजा कुछ प्रीतिकर नहीं कहा जा सकता, पर स्पष्ट ही अभी इस पर और विवेचन अपेक्षित है। इतना शायद कहा जा सकता है कि राजनैतिक आज़ादी ने सांस्कृतिक टकराहट की क्षमता को ढीला किया है, जो आधुनिक भारतीय पुनर्जागरण का मूल मन्त्र था, और यही कारण है कि आज़ादी के साथ व्यापक पुनर्जागरण की प्रक्रिया अवरुद्ध हुई दिखती है। तब देखना होगा कि पश्चिम के सम्पर्क और पश्चिम से

टकराहट के बाद, अब नया रचनाकार पश्चिम की मिलावट को किस रूप में और किस हद तक रचनात्मक बना पाया है।

वाजपेयी को इस बात की सजगता है कि उनके पहले आधुनिक काव्य या साहित्य की व्याख्या हुई नहीं है, या यदि रामचन्द्र शुक्ल ने इस दिशा में कुछ कार्य किया भी है तो वह बहुत आरम्भिक कोटि का है। 'विज्ञप्ति' में वे लिखते हैं ''यहाँ यह भी निवेदन करना अनुचित न होगा कि कि इन निबन्धों में इस युग के साहित्य की समीक्षा का प्राथमिक प्रयास किया गया है। इसके पहले इस विषय की कोई व्यवस्थित सामग्री उपलब्ध न थी। आचार्य शुक्ल का 'हिन्दी साहित्य का इतिहास' इनमें से अधिकांश निबन्धों के लिख जाने के साथ प्रकाशित हुआ और उसमें भी आधुनिक सहित्य का विवेचन बड़ी मोटी कलम से किया गया है।'' आधुनिक साहित्य के प्रवक्ता या कि व्याख्याता होने की यह सजगता अपने में सहज है, क्योंकि स्वचेतनता तथा इतिहास के प्रति सजगता आधुनिक भाव-बोध की एक प्रमुख शर्त है।

इस सजगता को व्यवस्थित तथा आयोजित करने का श्रेय महावीर-प्रसाद द्विवेदी को ठीक ही दिया गया है। भारतेन्दु की आधुनिकता अधिकतर विचारों के स्तर पर थी; संस्कारों में वे प्रायः मध्यकालीन ही थे। आधुनिक भाव-बोध का विचारों से संस्कारों में संक्रमण क्रमशः होता है, जिसकी पहली प्रमुख पहिचान महावीरप्रसाद द्विवेदी तथा उनके सहकर्मियों में होती है। फिर यह संक्रमण एक निष्पत्ति ग्रहण करता है छायावाद के कवियों में। प्रयोगवाद तथा नयी कविता के व्यक्तित्व में विचारों और संस्कारों की आधुनिकता घुल-मिल जाती है।

महावीरप्रसाद द्विवेदी को केन्द्र में रखकर आधुनिक काल के आरम्भिक लेखकों का एक संक्षिप्त संवेदनात्मक रूप-चित्र 'आधुनिक साहित्य' के एकदम आरम्भ में उकेरा गया है। फिर इस सन्दर्भ में आचार्य द्विवेदी के योगदान का मूल्यांकन हुआ है, ''साहित्य के क्षेत्र में किसी एक व्यक्ति पर इतना बड़ा उत्तरदायित्व इतिहास की शक्तियों ने कदाचित् पहली बार रखा था और पहली ही बार द्विवेदी जी ने इस उत्तरदायित्व के सफल निर्वाह का अनुपम निदर्शन प्रस्तुत किया।'' खेती-किसानी से जुड़कर चलनेवाले लिखने-पढ़ने में एक सहज आत्मविश्वास और निष्ठा द्रष्टव्य है,

जो 'सरस्वती' के सम्पादक और लेखक-मण्डल की व्यक्तित्व-रचना का आधारभूत तत्त्व हैं। 'कहीं लौकियाँ लटक रहीं हैं' लिखनेवाला कवि मानकर चलता है कि ग्रामीण जीवन का यह चित्र बिना किसी कुण्ठा या कि हीनभावना के प्रस्तुत करने योग्य है। यहाँ से लेकर निराला की 'शक्ति-पूजा' की निष्पत्ति 'होगी जय, होगी जय, हे पुरुषोत्तम नवीन!' तक कहीं भी निराशा या दैन्य का स्वर नहीं है। बंगाल का आध्यात्मिक-सामाजिक पुनर्जागरण हिन्दी-क्षेत्र में अधिक व्यावहारिक और यथार्थ भाव-भूमि पर उतरा है। 'सरस्वती' के प्रकाशकीय-सम्पादकीय आयोजन में ही यह बंगाल और बैसवाड़े का संयोग देखा जा सकता है। और हिन्दी-क्षेत्र का यह चैतन्य अपनी प्रकृति में पूरी तरह से असाम्प्रदायिक था—"इस्लाम या मुसलमानों के प्रति बद्धमूल वैमनस्य हमारे कवियों और लेखकों में न था; पर वे भारतीय ज़लवायु और भारतीय आदर्शों (या संस्कृति) से अनुप्रेरित अवश्य थे।"

आधुनिक युग की व्यावहारिक पहिचान में नन्ददुलारे वाजपेयी ने कई प्रवृत्तियों को रेखांकित किया है और उनमें से कई को 'साकेत' में परिलक्षित किया है। महावीरप्रसाद द्विवेदी को मैथिलीशरण गुप्त ने अपना साहित्यिक गुरु मानकर 'साकेत' की भूमिका में उन्हें स्मरण किया है, इसका औचित्य जितना व्यावहारिक स्तर पर है उतना ही रचनात्मक स्तर पर। द्विवेदी-युग की साहित्यिक मान्यताओं का निदर्शन सबसे अधिक 'साकेत' में मिलता है, जिसके वैशिष्ट्य की पहिचान 'आधुनिक साहित्य' में यों की गयी है—"इसमें ईश्वर की मानवता के स्थान पर मानव की ईश्वरता का निरूपण किया गया है जो दार्शनिक दृष्टि से ठेठ आधुनिक युग की वस्तु है। 'साकेत' में प्रथम बार मानव का उत्कर्ष अपनी चरम सीमा पर—ईश्वर के समकक्ष लाकर—रखा गया है जो मध्ययुग में किसी प्रकार सम्भव न था।" आधुनिक युग की संवेदना मानव-केन्द्रित है, और यह मानव स्पष्ट ही 'लोक-सामान्य' है, इसे भी समीक्षक ने आगे रेखांकित किया है। सूक्ष्म कवित्व के अभाव की दबी जबान शिकायत करते हुए वह 'साकेत' को 'नवयुग का प्रतिनिधि काव्यग्रन्थ कहने के बदले उसे युग की आरम्भिक कृति' कहना पसन्द करता है। 'प्रतिनिधि काव्यग्रन्थ' का स्थान उसने, ठीक ही, 'कामायनी' को देना उचित समझा है। 'साकेत' की शक्ति और सीमा का यह बड़ा आनुपातिक विवेचन है।

मैथिलीशरण गुप्त के साथ जयशंकर प्रसाद की तुलना में वाजपेयी ने आधुनिक युग की जटिलताओं के उभरते हुए स्वरूप को अच्छी तरह स्पष्ट किया है। यहाँ वे छायावाद के सशक्त व्याख्याता के रूप में हमारे सामने आते हैं। 'जयशंकर प्रसाद' के आरम्भिक निबन्ध में वे लिखते हैं, "अब यदि इन्हें हम औसत तौर पर गुप्त की प्रतिनिधि रचना मान लें, तो हम देखेंगे कि इनमें एक विनयपूर्ण सीधा-सादा आदर्शवाद, जिसमें आरम्भिक राष्ट्रीयता का मीठा-मीठा स्पन्दन है, कल्पना की ऊँची उड़ानों से रहित अनुभूति, द्वन्द्वरहित भाव और एकहरी अभिव्यक्ति है...बड़े जीवन-चक्रों को हाथ में लेना; पेचीदा भावधाराओं और सांस्कृतिक परिवर्तन के फलस्वरूप उठी हुई समस्याओं का निरूपण करना; व्यक्ति, देश और जाति के जीवन के बृहत् छायाआलोकों को उद्घाटित कर सकना; सारांश यह है कि जीवन के गहरे और बहुमुखी घात-प्रतिघातों और विस्तृत जीवन दशाओं में पद-पद पर आनेवाले उद्वेलनों को चित्रित करना, उन्हें सँभालना और अपनी कला में उन सबको सजीव करना गुप्त और प्रेमचन्द की साहित्य सीमा के बाहर है।" साहित्य की जिन गहरी सम्भावनाओं का अभाव समीक्षक ने मैथिलीशरण गुप्त के काव्य में निर्दिष्ट किया है वे प्रकारान्तर से उसके अनुसार छायावाद, और उसकी शीर्ष कृति 'कामायनी' की प्रतिनिधि विशेषताएँ हैं। तब यह स्वाभाविक है कि 'साकेत' को उसने 'आधुनिक हिन्दी का युगप्रवर्तक महाकाव्य' कहा है। दोनों सन्दर्भों में समीक्षक की तात्कालिक पहिचान अचूक साबित हुई है। भारतीय भावना और नये वैज्ञानिक विकास के समन्वय की दृष्टि से उसने 'कामायनी' को न केवल भारतीय जनमानस बल्कि समस्त विश्वसमाज के लिए 'कवि की नयी देन' के रूप में पहिचाना है। ('आधुनिक साहित्य' की भूमिका)

छायावादी काव्य आधुनिक कविता की वयस्कता की स्थिति है। नन्ददुलारे वाजपेयी ने 'इस साहित्यिक उन्मेष' की प्रवर्तक तिथि 1920 के आस-पास स्थिर की है। और इसकी प्रेरणा मूलतः राष्ट्रीय तथा सांस्कृतिक मानी है। समीक्षक की अपनी संवेदना से जुड़ा हुआ यह रचना-युग है, इस बात को उसने बार-बार संकेतित किया है। "मेरा आगमन हिन्दी के छायावादी कवि प्रसाद, निराला और पन्त की कविता के विवेचक के रूप में हुआ था...मैं संकेत कर चुका हूँ कि इस पहली पुस्तक ('हिन्दी

साहित्य : बीसवीं शताब्दी') में मैंने 'प्रसाद', 'निराला' और 'पन्त' के काव्य को अपने विवेचन का केन्द्र बनाया है..." ('नया साहित्य : नये प्रश्न' निकष)। महादेवी की कविता की सहानुभूतिपूर्ण व्याख्या करने के बावजूद यहाँ उनका उल्लेख नहीं होता, इसकी चर्चा आगे होगी।

छायावाद की व्याख्या करते समय नन्ददुलारे वाजपेयी को सबसे पहले रामचन्द्र शुक्ल की व्याख्या से टकराना था। आचार्य शुक्ल छायावाद को दो अर्थों में स्वीकार करते थे—एक तो रहस्यवाद के अर्थ में, और दूसरे लाक्षणिक काव्य-प्रणाली के रूप में व्यापक अर्थ में। वाजपेयी ने अपने गुरु की इन दोनों व्याख्याओं का साहसपूर्ण प्रत्याख्यान किया। छायावाद और रहस्यवाद में उन्होंने विवेक किया, "छायावाद का मुख्य सम्बन्ध मानवीय जीवन की अनुभूति से है। इसे केवल प्राकृतिक सौन्दर्य का काव्य मानना ठीक नहीं। प्रकृति के व्यापक अर्थ में यह उससे सम्बन्धित काव्य अवश्य है। वास्तव में छायावाद व्यष्टि सौन्दर्यबोध की कल्पना है और रहस्यवाद समष्टि सौन्दर्यबोध की कल्पना है।" ('स्वच्छन्दतावाद-छायावाद-रहस्यवाद') और छायावाद को अभिव्यक्ति की लाक्षणिक प्रणाली-भर मानने से इनकार किया, "इस छायावाद को हम पण्डित रामचन्द्र शुक्ल जी के कथनानुसार केवल अभिव्यक्ति की एक लाक्षणिक प्रणाली-विशेष नहीं मान सकेंगे। इसमें एक नूतन सांस्कृतिक मनोभावना का उद्‌गम है और एक स्वतन्त्र दर्शन की नियोजना भी।" ('जयशंकर प्रसाद') इस 'नूतन सांस्कृतिक मनोभावना' और 'स्वतन्त्र दर्शन की नियोजना' की व्याख्या उन्होंने कई प्रसंगों में की है। महादेवी के काव्य की स्वतन्त्र विवेचना आरम्भ करते हुए वाजपेयी ने लिखा है, "मानव अथवा प्रकृति के सूक्ष्म किन्तु व्यक्त सौन्दर्य में आध्यात्मिक छाया का भान मेरे विचार से छायावाद की एक सर्वमान्य व्याख्या हो सकती है।" यहाँ 'आध्यात्मिक' शब्द की पारम्परिक छायाओं के प्रति सजग रहते हुए उन्होंने अपने अर्थ को अलग किया है। 'आधुनिक साहित्य' में संकलित अपने 'छायावाद' शीर्षक निबन्ध में समीक्षक ने स्पष्ट किया है "नयी छायावादी काव्यधारा का भी एक आध्यात्मिक पक्ष है, परन्तु उसकी मुख्य प्रेरणा धार्मिक न होकर मानवीय और सांस्कृतिक है।" यहाँ एक साथ ही छायावाद का अलगाव एक ओर मध्ययुगीन रहस्यवाद से और दूसरी ओर परवर्ती प्रगतिवादी काव्य से हो जाता है।

प्रसाद को नये युग का 'प्रवर्तक' और उसकी 'सर्वश्रेष्ठ विभूति' एक साथ मानते हुए उनके 'अभिनव भाव-विस्तार' के सामने उन्हें "मध्ययुग का धार्मिक और साम्प्रदायिक अध्यात्म-काव्य बहुत-कुछ सीमित और परतन्त्र प्रतीत होता है।" ('छायावाद') निश्चय ही समीक्षक का यह एक बड़ा दावा है, पर छायावाद और विशेषतः प्रसाद पर अत्यन्त मनोयोग से लिखकर उसने अपनी मान्यता को सम्पुष्ट करने का बराबर प्रयास किया है।

छायावाद की एक ऐतिहासिक युग के रूप में पहिचान सम्भव करते हुए नन्ददुलारे वाजपेयी ने उसकी संवेदनात्मक भाव-भूमि को अपने पहले प्रमुख ग्रन्थ 'हिन्दी साहित्य : बीसवीं शताब्दी' की 'विज्ञप्ति' में ही स्पष्ट करना चाहा है। बीसवीं शताब्दी के आरम्भिक दो दशकों के बाद छायावाद-युग के उदय को उन्होंने इस रूप में अंकित किया है, "छायावाद-युग को चाहे जिस नाम से पुकारिये, इसका एक ऐतिहासिक व्यक्तित्व है...यह सम्मिलन और सामंजस्य की भावना भारतीय संस्कृति की चिर दिन की विशेषता रही है; इसलिए महायुद्ध की शान्ति के पश्चात् ये प्रश्न सामने आते ही वह सांस्कृतिक प्रेरणा जाग उठी और तीव्र वेग से तत्कालीन काव्य और कलाओं में अपनी अभिव्यक्ति चाहने लगी।" समीक्षक ने यह भी कहा है कि 1920 से 1935 तक के अपने विकासावस्था के काल में जितने अधिक रचनाकार इस आन्दोलन से जुड़े उतने हिन्दी के इतिहास में शायद पहले कभी नहीं। और इस बड़े रचना-आन्दोलन की व्याख्या, यह सही है—जैसा कि 'जयशंकर प्रसाद' की भूमिका में संकेतित भी है—पूरी समझदारी के साथ नन्ददुलारे वाजपेयी ने पहले की।

राष्ट्रीय-सांस्कृतिक चेतना के काव्य रूप में छायावाद की पहिचान करने में महादेवी का गीत-काव्य कहीं कुछ आड़े आ सकता है यह एहसास छायावाद के व्याख्याकार को रहा है। इस समस्या को 'आधुनिक साहित्य' में उसने यों प्रस्तुत किया, "हम यह स्वीकार करते हैं कि महादेवी के प्रगीतों ने साहित्यिक मूल्यांकन की नयी समस्या उत्पन्न की है। कदाचित् उन्हीं की रचनाओं में पहले-पहले वैयक्तिक भावना का इतना गहरा पुट पाया गया।" फिर महादेवी के गीत-काव्य से जुड़ा हुआ रूप उसने बच्चन की आरम्भिक रचनाओं में देखा, जहाँ से छायावादोत्तर भाव-भूमि की शुरुआत देखी जा सकती है।

छायावादोत्तर परिदृश्य पर समीक्षक ने तीन धाराओं को स्पष्ट परिलक्षित किया है—'परवर्ती प्रगीत', 'दूसरी प्रणाली प्रयोगवादियों की', 'तीसरी प्रणाली सामाजिक प्रगतिवादियों की'। और कहा है कि इस त्रिधारा की पूरी परख हिन्दी के नये इतिहास लेखक को करनी होगी। प्रगतिवादी साहित्य के नेतृत्व में पहला नाम अज्ञेय का दिया गया है, फिर नरोत्तम, डॉ. रामविलास, शिवदानसिंह आदि का। और 'विज्ञप्ति' में व्यंग के साथ टिप्पणी यों है, "ये ही प्रोफेसर और डॉक्टर मजदूरों और किसानों का राज्य चाहते हैं। उद्देश्य अच्छा है, पर अभी इसमें वास्तविकता कम है।" यानी प्रगतिवाद की व्याख्या किसानों-मजदूरों के लिए मध्यवर्ग की कोरी बौद्धिक सहानुभूति के रूप में की गयी है। कुछ-कुछ वैसे ही जैसे आचार्य शुक्ल ने महादेवी के काव्य के सम्बन्ध में प्रश्न उठाया था—"कहाँ तक वे वास्तविक अनुभूतियाँ हैं और कहाँ तक अनुभूतियों की रमणीय कल्पना है यह नहीं कहा जा सकता।" प्रयोगवाद को समीक्षक बच्चन-जैसे प्रकृतिवादी कवियों की प्रतिक्रिया के रूप में देखता है ('आधुनिक साहित्य'—नयी कविता)। बच्चन यों छायावाद से प्रगतिवाद और प्रयोगवाद में रूपान्तरण की अवधि के कवि दिखते हैं, जिनके भाषागत प्रयोगों को समीक्षक ने उत्साह के साथ रेखांकित किया है और जिनकी अनुभूति की गहराई छायावादी कवियों से अधिक मानी है। इस दूसरी मान्यता से सहमत हो पाना निश्चय ही कठिन होगा। यहाँ आत्मपरकता और अनुभूति की गहराई में समीक्षक ने कोई भेद नहीं समझा। और फलतः छायावादी काव्य के प्रति, अनजाने में ही, एक बड़ा अन्याय कर डाला। फिर एक सिलसिला-सा बन गया। इस प्रसंग में यह भी स्मरणीय है कि काव्य में छायावाद के बाद नये आन्दोलन की शुरुआत उसने 'पहले अंचल, और बाद को बच्चन के आने पर' मानी है। ('विज्ञप्ति')

'प्रगतिशील साहित्य' शीर्षक से अपना निबन्ध आरम्भ करते हुए ('आधुनिक साहित्य') वाजपेयी ने 'प्रगतिशील' पद की अतिसरलीकृत व्याख्या प्रस्तुत की है—"फिर, मेरे विचार से किसी साहित्यिक आन्दोलन का प्रगतिशील होना ही काफी नहीं है। प्रगति तो प्राकृतिक गति है। वह परिवर्तनशील वस्तु-व्यापार का आवश्यक परिणाम है।" यहाँ समीक्षक प्राकृतिक परिवर्तन और मानवीय प्रगति को समतुल्य कर देता है अपने

प्रिय कवि प्रसाद को भी भुलाता हुआ—'काम मंगल से मण्डित श्रेय सर्ग, इच्छा का है परिणाम।' प्रगति या कि विकास अनिवार्यतः मानवेच्छा से जुड़े हैं जबकि परिवर्तन प्रकृति का सहज धर्म है। पूर्व-पक्ष को यों झुठलाते चलना छायावादोत्तर काव्य के प्रसंग में नन्ददुलारे वाजपेयी ने कई बार किया है, जिसके कारण कई बार उनकी प्रामाणिक आपत्तियाँ भी पूर्वग्रह-जैसी लगने लगी हैं।

समीक्षक को श्रेय इस बात का है कि जैसे उसने द्विवेदीयुगीन काव्य और छायावादी मनोवृत्ति में अलगाव का रूप स्पष्ट किया था वैसे ही उसने छायावादी काव्य में वैशिष्ट्य को अलग-अलग समझाया है। 'आधुनिक साहित्य' के 'नयी कविता' शीर्षक निबन्ध में उसने लिखा है, "सौन्दर्य की ओर अधिक झुकाव छायावाद युग के काव्य की एक विशेषता रही है। असुन्दर, भयानक और विस्मयकारक अथवा अरोचक का चित्रण नये युग के काव्य की एक अन्य विशेषता है। यह भी यथार्थवाद की दिशा में बढ़ाया गया एक कदम है। सामान्य वस्तु के चित्रण की अभिरुचि भी देखी जाती है।" छायावादोत्तर काव्य का समग्र रूप में यह एक अच्छा वर्णन कहा जायेगा। पर अलग-अलग प्रवृत्तियों के वैशिष्ट्य को समझने में जैसे उसकी सहानुभूति चुक जाती है। छायावादोत्तर परिदृश्य पर वह पाता है कि 'आज के लेखकों और कलाकारों में कोई सम्बन्धसूत्र है भी, तो वह अनास्था और अविश्वास का है, जो एक नकारात्मक सूत्र है।' ('साहित्य की राष्ट्रीय चेतना') और इन प्रवृत्तियों के लिए वह अधिकतर पश्चिम के प्रभाव को जिम्मेदार ठहराता है। 'आधुनिक साहित्य' की भूमिका का समापन वह इसी बिन्दु पर करता है। छायावाद के प्रसंग में पश्चिम के सम्पर्क को वह ग्राह्य ठहराता है, इसकी चर्चा पहले हो चुकी है; पर वही पश्चिम का सम्पर्क छायावादोत्तर काव्य तक आते-आते 'पश्चिम के अस्ताचलगामी सूर्य से प्रकाश लाने की साधना' लगने लगता है। विवेचन के ये अन्तर्विरोध शायद इसलिए भी हैं कि समीक्षक ने छायावाद या कि छायावादोत्तर काव्य पर कोई समग्र और व्यवस्थित अध्ययन प्रस्तुत नहीं किया। कहीं बैंगन राजा है तो कहीं गुणहीन!

'आधुनिक साहित्य' के अन्तर्गत 'छायावाद' शीर्षक निबन्ध का समापन करते हुए वाजपेयी लिखते हैं, "सारांश यह कि हमारा नया काव्य

अपनी स्वतन्त्र दार्शनिकता के साथ ही अपनी भाव-भूमि और अनुभूति-क्षेत्र में भी पूववर्ती काव्य से पृथक् सत्ता रखता है, जिसका यथार्थ परिचय हमें साहित्यिक विवेचन की उस स्वतन्त्र परिपाटी का अभ्यास करने पर ही प्राप्त हो सकता है, जिसका संकेत ऊपर किया गया है।'' पर साहित्यिक विवेचन की यह 'स्वतन्त्र परिपाटी' वे प्रगतिशील या कि प्रयोगवादी काव्य का विश्लेषण करते समय स्वयं उपेक्षित कर देते हैं। इतिहास के एक युग के प्रति सहानुभूति कैसे अगले युगों के प्रसंग में पूर्वग्रह बन जाती है, यह ऐतिहासिक प्रक्रिया का एक रोचक पक्ष है, और इतिहासकार की सम्भाव्य नियति। तुलसी को मानदण्ड बनाकर निराला को नहीं समझा जा सका, और फिर वैसे ही निराला को आदर्श मानकर अज्ञेय को। और इस सिलसिले में दिलचस्प बात यह है कि स्वयं निराला ने 'तुलसीदास' पर एक महिमाशाली काव्य की रचना की है, और अज्ञेय बराबर निराला के काव्य की सराहना करते रहे हैं। रचना की सहानुभूति स्पष्ट ही समीक्षा की तुलना में अधिक व्यापक और दूर तक चलनेवाली है; पूर्वग्रह होने पर वह अधिक कठोर भी है, यह अलग बात है।

तो प्रयोगवाद को नन्ददुलारे वाजपेयी 'बैठे-ठाले का धन्धा' मानते हैं, और कहते हैं, ''प्रयोगवाद के लिए मेरी चौथी पुस्तक में एक भी संवर्द्धना का शब्द नहीं है, बल्कि ऐसी तीव्र समीक्षा है जिससे बहुत-से प्रयोगवादी तिलमिला उठे हैं।'' (निकष) छायावाद पर लगाये गये आरोपों का जमकर प्रत्याख्यान करनेवाला समीक्षक प्रयोगवाद के प्रसंग में प्रसन्न आक्रामक मुद्रा धारण कर लेता है, यह आधुनिक कविता के अध्येता के लिए एक विषादपूर्ण दृश्य है। आरम्भिक 'विज्ञप्ति' में ही समीक्षक ने निर्णायक की भूमिका ले ली है, ''प्रयोगवादी साहित्यिकों के सम्बन्ध में मेरी धारणा कभी बहुत ऊँची नहीं रही। 'प्रयोग' शब्द में ही एक प्रकार की कृत्रिमता और अभ्यास की व्यंजना है।'' पर 'कृत्रिमता' और 'अभ्यास' ये तो सम्पूर्ण मानवीय सभ्यता और संस्कृति के मूल सूत्र हैं। भाषा का सबसे सहज प्रयोग गाली है, और सबसे कृत्रिम प्रयोग कविता है। वाल्मीकि का आदि श्लोक छन्द में गाली अधिक है कविता कम। महाभारत के रचयिता से उसके लिपिकार गणेश ने तय किया था कि मैं बिना रुके लिखता जाऊँगा, तब व्यास की शर्त यह थी कि छन्द का अर्थ

समझे बिना उसे लिखा नहीं जायेगा। बिना अर्थ समझे छन्द गाली हो सकता है वाल्मीकि ने बाद में इसे समझा, और व्यास ने गणेश के साथ तो यह प्रतिबन्ध आरम्भ से ही कर लिया था। गाली से कविता की ओर विकास मानवीय संस्कृति के विकास का प्रमुख कारण और परिणाम है, जिसके पीछे विविध प्रयोगों और अभ्यास की शृंखला है। प्रयोगवाद इस क्रम का एक नया, और कहना होगा अधिक सजग चरण है; उसकी गति कैसी है और उपलब्धि कितनी है, इस सम्बन्ध में मतभेद हो सकता है।

'आधुनिक साहित्य' के अन्तर्गत प्रयोगवादी रचनाएँ शीर्षक अपेक्षया लम्बे निबन्ध में समीक्षक ने प्रयोगवादी काव्य की देन नकारात्मक मानी है। उसके विश्लेषण के अनुसार "यदि इन नवीन प्रयोगों को समन्वयात्मक प्रयास न कहकर परिवर्तन की एक चेष्टा कहा जाय और यह मान लिया जाय कि प्रयोगवाद कोई काव्यपद्धति नहीं है, वरन् वह पिछले खेवे के छायावादी साहित्य और विशेषकर महादेवी जी की गहन एकान्तिकता और बच्चन की उच्छ्वासपूर्ण नैराश्य-भावना की प्रतिक्रिया में किया गया व्यंग्य-विनोदपूर्ण हलका काव्य-प्रयत्न है, तो हम कदाचित् प्रयोगवाद की ऐतिहासिक वस्तुस्थिति के अधिक समीप कहे जायेंगे।" प्रयोगवाद के सम्बन्ध में पिछले तत्काल निर्णय की तुलना में यहाँ वाजपेयी ने विश्लेषण का अधिक सजग प्रयत्न किया है। प्रयोगवाद 'परिवर्तन की एक चेष्टा' है तो यह ठीक है। आधुनिक भावबोध की एक प्रमुख पहिचान यही है कि वह इतिहास-चक्र को चलाने का, उसकी गति को द्रुततर करने का सजग प्रयास है। तो बात यहाँ सही है, मूल्यपरक व्यंजना का अन्तर है। फिर प्रयोगवाद के विकास में परवर्ती छायावाद और 'बच्चन की नैराश्य भावना की प्रतिक्रिया' भी लक्षित की जा सकती है। पर विश्लेषण के इन दोनों तत्त्वों के साथ अन्तिम निर्णयात्मक कथन 'व्यंग्यविनोदपूर्ण हलका काव्य-प्रयत्न है' का कोई तार्किक सम्बन्ध नहीं बनता। वह समीक्षक की निजी धारणा-भर रहता है।

प्रयोगवाद के सम्बन्ध में नन्ददुलारे वाजपेयी की कई आपत्तियाँ हैं, जिनमें से दो मुख्य हैं। एक तो यह कि कवि और विचारक दोनों का संगम सम्भव नहीं है, और दूसरे यह कि 'क्या कवियों की संवेदना उलझी हुई भी होती है?' यहाँ ये आपत्तियाँ गम्भीर रूप से विवेचनार्थ प्रस्तुत हैं,

यद्यपि कि स्वयं समीक्षक ने प्रयोगवाद विषयक अपने निबन्ध में, शायद इस काव्य-धारा को 'व्यंग्य-विनोदपूर्ण' मानने के कारण, बड़ी अगम्भीर मुद्रा अपनायी है। बहरहाल, कवि और विचारक के तत्त्वों का संक्रमण आधुनिक युग की विशेषता है, इसे एक खास ढंग से आचार्य रामचन्द्र शुक्ल ने अपने इतिहास में रेखांकित किया है जबकि वे आधुनिक काल को 'गद्य-काल' नाम देते हैं। अनुभूति यदि कविता का केन्द्रीय तत्त्व है तो विचार गद्य का। और 'गद्य-काल' में लिखी गयी कविता यदि विचार को भी अनुभूति के ताप पर गलाती है तो वह न केवल अपनी ऐतिहासिक माँग पूरी कर रही है, बल्कि एक अपेक्षया कठिन कवि-कर्म के निर्वाह का प्रमाण भी प्रस्तुत करती है। एकदम स्थूल स्तर पर भी देखें तो आधुनिक युग की एक बड़ी विशेषता इस बात में दिखेगी कि संचार-साधनों के एकाएक बढ़ जाने से मनुष्यों का एक-दूसरे से सम्पर्क एक विकट अनुपात में फैल गया है। कबीर और तुलसी, यहाँ तक कि निराला और पन्त के समय से भी अज्ञेय और शमशेर के युग में यह मनुष्य का मनुष्य से सम्पर्क बेहिसाब बढ़ा है। प्रसाद ने 'चिति केन्द्रों में जो संघर्ष' कहा है वह शायद रेखागणितीय अनुपात में बढ़ता गया है, और तब उलझी हुई संवेदनाओं और एक-दूसरे को छूती-काटती अनुभूतियों को एक साथ अंकित करना आज के कवि के लिए अपने युग की सबसे बड़ी चुनौती है। इस उलझने और छूने-काटने में विचार और अनुभूति भी एक-दूसरे से टकराते चलते हैं। प्रसाद के सन्दर्भ में समीक्षक ने जिस उत्साह से कहा था "बड़े जीवन-चक्रों को हाथ में लेना; पेचीदा भाव-धाराओं और सांस्कृतिक परिवर्तन के फलस्वरूप उठी हुई समस्याओं का निरूपण करना" कुछ वैसे ही उत्साह, पर जुड़ी हुई चिन्ता के साथ उसे प्रयोगवादी कवि के परिवेश और उसकी रचना-सम्भावना को आमने-सामने करना चाहिए था। पर जैसा कहा जा चुका है, कहीं रचना की शक्ति चुक जाती है तो कहीं समीक्षक का अनुभावन भी रीत जाता है।

आधुनिक काल में कविता को 'वादों' में बाँधने की प्रक्रिया से वाजपेयी को असहमति है। यहाँ वे आचार्य शुक्ल की चिन्ता को दुहराते हैं। 'साधारणीकरण और व्यक्ति-वैचित्र्यवाद' का समापन यों हुआ है "इन नाना 'वादों' से ऊबकर लोग अब फिर साफ हवा में आना चाहते हैं।" 'हिन्दी साहित्य : बीसवीं शताब्दी' की आरम्भिक विज्ञप्ति में भी कुछ ऐसा

ही मनोभाव है—"यदि काव्य साहित्य को किसी 'वाद' के अंकुश पर न चलाकर उसे स्वाभाविक गति से चलने दिया जाये, तो अधिक अच्छा हो।" रामचन्द्र शुक्ल ने छायावादी काव्य-आन्दोलन का प्रसार देखा था, जिसे एक प्रकार से हिन्दी साहित्य का तर्क समर्थित पहला 'वाद' कहा जा सकता है। छायावादी काव्य में उनकी रुचि थी, आन्दोलन के प्रति वे विरक्त थे। नन्ददुलारे वाजपेयी के कार्य-काल में छायावाद के बाद प्रगतिवाद और प्रयोगवाद की भी प्रतिष्ठा हो चुकी थी। स्वच्छन्द भाव-भूमि के ये दोनों ही समीक्षक कविता के क्षेत्र में वादों के फैलाव के प्रति शंकालु रहे हैं। ऐतिहासिक क्रम-विकास के सन्दर्भ में रोचक बात यह है कि आचार्य शुक्ल को सुमित्रानन्दन पन्त के तब के परवर्ती काव्य ('युगवाणी') से सन्तोष है, पन्त सम्बन्धी विवेचन का समापन करते हुए वे कहते हैं "पन्त जी को 'छायावाद' और 'रहस्यवाद' से निकलकर स्वाभाविक स्वच्छन्दता की ओर बढ़ते देख हमें अवश्य सन्तोष होता है।" उन्हें शायद तब अनुमान नहीं था कि यह 'स्वाभाविक स्वच्छन्दता' धीरे-धीरे एक नये वाद—प्रगतिवाद में बदल रही है, जिसकी कठोर आलोचना आगे वाजपेयी करते हैं। आचार्य शुक्ल की रुचि पर शंका प्रकट करते हुए उन्होंने कुछ तीखे स्वर में 'विज्ञप्ति' में लिखा है, "...'पल्लव', 'ज्योत्स्ना' या 'गुंजन'-जैसी रचनाओं को शुक्ल जी सरीखे समीक्षक भी हेठी देते हैं और 'युगवाणी' सरीखे कोरे बुद्धिप्रसूत पद्यों को स्वच्छन्दतावाद के अन्दर शुमार करते और प्रवर्द्धना देते हैं।" यों गुरु की शंका छायावाद के प्रति है, शिष्य छायावाद को प्रतिष्ठित होने में योग देते हैं, पर प्रगतिवाद-प्रयोगवाद के प्रति शंकालु हैं। 'वाद' अपने क्रमिक विकास में काव्य हो जाये यही काम्य है, केवल 'वाद' होकर कुछ समय तक सैद्धान्तिक रूप में वह चर्चित भले हो सके संवेदना-प्रवाह का अंग नहीं बन सकता। इस सन्दर्भ में 'वादों' के फैलाव के प्रति दोनों की चिन्ता समझी जा सकती है (वाजपेयी ने उदाहरण पन्त के काव्य-विकास का रखा है)। पर यह भी ठीक है कि आधुनिक स्वचेतन युग में उससे निस्तार नहीं।

साहित्यिक इतिहास के विकास-क्रम के सम्बन्ध में नन्ददुलारे वाजपेयी ने व्यवस्थित चिन्तन कहीं प्रस्तुत नहीं किया है, पर आधुनिक काल के प्रसंग में उनके कुछ संकेत जहाँ-तहाँ मिल जाते हैं। इस क्रम में उनका एक

महत्त्वपूर्ण पर्यवेक्षण साहित्यिक युगों के नामकरण को लेकर है, जहाँ उन्होंने साहित्य-चिन्तन के प्रसंग में राजनीति के बढ़ते दबाव को अनुशासित करने का यत्न किया है। बहुत बार साहित्य के अधकचरे इतिहासकारों ने साहित्यिक युगों का नामकरण साहित्येतर व्यक्तियों के नाम पर करना चाहा है—कभी राजा-रानियों या राजवंशों के नाम पर, कभी किसी बड़े नेता के नाम पर। वाजपेयी ने स्पष्ट ढंग से इस प्रवृत्ति का विरोध किया है। 'हिन्दी साहित्य : बीसवीं शताब्दी' की भूमिका का समापन करते हुए उन्होंने लिखा है, "यहाँ इतना और निवेदन करना है कि दयानन्द-युग, गाँधी-युग और समाजवादी युगों के नाम से इस शताब्दी के साहित्यिक उत्थानों का नामकरण करना मेरी समझ में ठीक नहीं है। प्रसाद, निराला अथवा पन्त के साहित्य में गाँधी सिद्धान्तों का प्रभाव देखना बौद्धिक दासता मात्र है। इसी प्रकार और भी।" गाँधी का व्यक्तित्व जब अपने पूरे वैभव पर रहा हो उस समय इतने सहज आत्मविश्वास से अपन मत प्रस्तुत करना समीक्षक के चरित्र को स्पृहणीय बनाता है। रचनाकार को किसी राजनैतिक चिन्तक या कि विचारधारा का अनुयायी सिद्ध करना रचनाकार का तो अपमान करना है ही उस चिन्तक की भी अवमानना है, इसे प्रायः लोग नहीं समझ पाते। मौलिक चिन्तक वह है जो आगे मौलिक चिन्तन या कि सर्जन के लिए प्रेरित करे। मौलिकता की शर्त सिर्फ यह नहीं है कि किसी विचारक या कि रचनाकार ने अपने से पहले के चिन्तक का अनुकरण नहीं किया, उसके साथ-साथ शर्त यह भी है कि उसने अपने कृतित्व को ऐसा रखा जिसका कि आगे आनेवाले अनुकरण न कर सकें। मौलिक चिन्तक और रचनाकार एक-दूसरे से प्रेरित और प्रभावित होते हैं, पर न वादी होते हैं, और न वादी बनाते हैं। अपने व्यक्तित्व को आक्रान्त न होने देना, और दूसरे के व्यक्तित्व को आक्रान्त न करना—यह मूलतः एक ही प्रक्रिया के दो पक्ष हैं।

आधुनिक काल के आरम्भिक काव्यों—'प्रिय प्रवास', 'साकेत', 'यशोधरा' को समीक्षक ने 'नारीप्रधान' और 'आदर्शवादी' सृष्टि कहा है। फिर 'आधुनिक साहित्य' की भूमिका में ही उसने आगे इस जटिल होती सृष्टि की व्याख्या की है, जहाँ नारी और पुरुष तथा आदर्श और यथार्थ के सम्बन्ध अधिक गहरे स्तर पर जुड़ते, काटते और संश्लिष्ट होते हैं।

छायावाद और जयशंकर प्रसाद के सन्दर्भ में उसने अनुभव किया कि कला बहुत बार मुखर नहीं होती और साहित्यकार 'कभी गुमसुम रहकर पाठकों को अपना निष्कर्ष आप निकालने के लिए छोड़ देता है।' इसीलिए 'आधुनिक साहित्य' नामक ग्रन्थ में पहले की अपेक्षा उसको 'अधिक सतर्कता बरतनी पड़ी है', ऐसा भी वह आगे चलकर अनुभव करता है। ('नया साहित्य : एक निकष') यों आधुनिक काव्य के विकसनशील भाव-भूमि से समीक्षक ताल-मेल रखना चाहता है, और अर्द्ध शताब्दी की प्रगति पर वह अपना उन्मुक्त हर्षोल्लास प्रकट करता है। पर शताब्दी के उत्तरार्द्ध में प्रवेश करते-करते उसकी स्थिति, जैसा पहले संकेत किया जा चुका है, ऐसी नहीं रहती। साहित्यकार के प्रसंग में जिस 'गुमसुम' मुद्रा का जिक्र उसने उठाया है वह कभी समीक्षक के लिए भी ज़रूरी होनी चाहिए, इस ओर उसका ध्यान नहीं गया।

'आधुनिक साहित्य' नामक अपने ग्रन्थ का आरम्भ करते हुए वाजपेयी ने लिखा है 'आधुनिक साहित्य' मेरे समीक्षात्मक निबन्धों की नयी पुस्तक है। इसमें सन् '30 से '42 तक के हिन्दी साहित्य की कतिपय मुख्य कृतियों और प्रवृत्तियों का विवेचन किया गया है–परन्तु पुस्तक में इस सारी सामग्री के रहते हुए भी उसे इस समय का साहित्यिक इतिहास नहीं कहा जा सकता। इसका निर्माण इतिहास से भिन्न प्रणाली और प्रेरणा से किया गया है...समीक्षा और साहित्यिक विचारणा की भूमि अधिक उर्वर न होने के कारण, हिन्दी में अब तक नये साहित्य का इतिहास-ग्रन्थ लिखा ही नहीं जा सका। जब तक विविध दृष्टियों और उपादानों को लेकर अच्छे परिमाण में साहित्यिक समीक्षाएँ नहीं प्रस्तुत की जातीं, तब तक इतिहास-लेखन का कार्य वस्तुतः सम्भव ही नहीं। 'हिन्दी साहित्य : बीसवीं शताब्दी' के साथ 'आधुनिक साहित्य' के मेरे ये पूरक निबन्ध यदि नयी साहित्यिक रुचि और दृष्टि के निर्माण में कुछ भी योग दे सकें, तो यह इनकी आत्यन्तिक सफलता होगी।'' समीक्षक यहाँ इतिहासकार की भूमिका का स्पर्श करके फिर वापिस हो जाता है। वह 'रुचि' के निर्माण में सक्रिय योगदान देना चाहता है, केवल उसकी व्याख्या करने से उसकी मानसिक उत्तेजना शान्त नहीं हो पाती। पर्याप्त समीक्षात्मक सामग्री न मिलने की बात तो एक साहित्यिक बहाना है। इतिहास-लेखन उसी के

द्वारा सम्भव है जो विवाद के आगे संवाद की भाव-भूमि तक पहुँचा हो। आचार्य शुक्ल ने जहाँ अपना इतिहास छोड़ा है वहाँ से स्वयं उन्हीं के द्वारा उठाये गये प्रश्नों के विवाद में पड़ जाना आसान है, उस नारी सामग्री को संवाद की मुद्रा में देखना कठिन। इस अन्तर्विरोध का शमन किये बिना आधुनिक काव्य या कि साहित्य का इतिहास-लेखन तो और सम्भव नहीं।

●

देवराज और छायावाद का उत्थान-पतन—पुनर्मूल्यांकन

डॉ. देवराज की पुस्तक 'छायावाद : उत्थान-पतन-पुनर्मूल्यांकन' (1975) इस बात के लिए अच्छा अवसर है कि इस बहाने आलोचक के छायावाद विषयक चिन्तन में विकास-प्रक्रिया को विश्लेषित किया जाये। यह और अधिक उपयुक्त इसलिए भी हो जाता है क्योंकि प्रस्तुत पुस्तक उनकी 1948 ई. में प्रकाशित और चर्चित कृति 'छायावाद का पतन' का परिवर्द्धित संस्करण है। लेखक ने अपनी मूल आलोचना कृति में संशोधन नहीं किया, यह अच्छा ही है। इसके बजाय प्रस्तुत विषय के सम्बन्ध में उसने अपनी अगली विचार-सरणि को स्पष्ट किया है। मूल पुस्तक (पतन) के अतिरिक्त 1950 में प्रकाशित एक निबन्ध 'छायावादी कवियों का कृतित्व' (पुनर्मूल्यांकन ?), और 1975 की भूमिका (उत्थान ?) प्रस्तुत ग्रन्थ में और रखे गये हैं। पुस्तक के उपशीर्षक यदि उपर्युक्त क्रम में माने जायें तो शायद आलोचक की दृष्टि का छायावाद को लेकर बदला रुख समझ में आ सकेगा। रचना और आलोचना का ऐसा विकासशील रिश्ता कई बार देखने में आता है।

यहाँ विश्लेषण उलटे क्रम से चलाना ठीक होगा। इसलिए 'सन् 75 की भूमिका' पहले विचारणीय है। स्पष्ट ही यहाँ लेखक की समीक्षा-दृष्टि निथरे रूप में हमारे सामने आती है, खासतौर पर पिछले सन्दर्भों की तुलना में। 'पतन' वाले अंश में आलोचक ने लिखा था "क्रोचे का यह सिद्धान्त कि साहित्य में विषय का स्थान गौण है, किसी भी विषय पर श्रेष्ठ कविता लिखी जा सकती है, प्रकारान्तर से यह दावा करता है कि कलाकार जिस वस्तु को चाहे उसे मार्मिकता से मण्डित कर सकता है। जैसे उसका काम जीवनगत मार्मिकता का उद्घाटन या देखना नहीं, उसकी सृष्टि है। हम इस सिद्धान्त से सहमत नहीं हैं। काव्य-साहित्य का विषय या उपादान वे ही तत्त्व हो सकते हैं जो स्वतः मानव-जीवन से सम्बन्धित होने के कारण, मानव हृदय को उल्लसित या आलोकित करने की क्षमता रखते हैं।" (पृ. 129) स्पष्ट ही यहाँ बल विषय पर है। सन्दर्भ है आलोचक का यह मत कि पन्त ने 'स्याही का बूँद' कविता लिखने में एक अगम्भीर और हलके विषय को चुना है और इसलिए वे यहाँ

उच्चस्तरीय कविता नहीं लिख सके–"असंख्या सुख-दुःखों से भरे, निरन्तर विक्षुब्ध, मानव-जीवन में जिसे कविता के 'विषय' नहीं मिलते वही इस प्रकार बैठकर 'स्याही का बूँद' पर कल्पनाओं का ग्रथन करेगा" (वही)।' 75 की भूमिका में आलोचक अपनी दृष्टि को संशोधित करता है। अब उसका मानना है "शुद्ध समीक्षा की दृष्टि से जहाँ किसी लेखक के दर्शन का उल्लेख आवश्यक है, वहाँ उसके मूल्यांकन के लिए अधिक प्रासंगिक चीज यह देखना है कि लेखक अपनी जीवन-दृष्टि को कितने प्रभावशाली ढंग से प्रकट कर सका है...कम क्षमतावाला समीक्षक प्रायः शिल्प और कथ्य के तनावपूर्ण सम्बन्ध की उपेक्षा करके अपना ध्यान मुख्यतः कथ्य पर केन्द्रित करता है।" (पृ. 13) इसी क्रम में आलोचक आगे अपना मत स्पष्टतः प्रकट करता है "हमारी राय में किसी भी लेखक पर विषय-वस्तु का प्रतिबन्ध लगाना साहित्य की प्रगति के लिए हितकर नहीं है।" (पृ. 16) पहले उद्धरण में जो 'ही' का प्रयोग था–'वे ही तत्त्व हो सकते हैं–वह नये चिन्तन में विलुप्त हो जाता है, और शायद अब इस सन्दर्भ में उसकी सहमति, अन्ततः, क्रोचे से हो जाती है। आलोचक अब विषय को नहीं रचना को महत्त्व देता है, और उसके चिन्तन में यह विकासक्रम निश्चय ही प्रीतिकर और मन को आश्वस्त करनेवाला है।

पर पुराने पूर्वग्रह जल्दी छूटते नहीं। व्यक्ति उन्हें छोड़ना चाहता है, पर वे व्यक्ति को नहीं छोड़ते। दर्शन के प्रति आग्रह–किसी सीमा तक दार्शनिक आलोचक के लिए स्वभावतः भी–आलोचक के मन में एक खास तरह से है। निराला के सम्बन्ध में लिखते हुए देवराज का कहना है, "अनेक संघर्षों में पड़े हुए निराला जी ऐसी स्थिति में न थे कि रवीन्द्र की भाँति एक सुचिन्तित निजी दर्शन बनाते।" (पृ. 36) इस एक छोटे-से वाक्य में हिन्दी लेखक की कई तरह की कुण्ठाएँ झलक रही हैं–रवीन्द्रनाथ को लेकर, अंग्रेज़ी और बंगाली को लेकर, आर्थिक सम्पन्नता को लेकर, और किसी क़दर दर्शन की महत्ता को लेकर। अंग्रेज़ी की चर्चा का अवसर आगे होगा। यहाँ विचारणीय यह है कि दर्शन क्या सचमुच 'बनाया' जा सकता है, और क्या दर्शन बनाने के लिए अनेक संघर्षों से अलग रहना आवश्यक है। स्पष्ट ही यहाँ संकेत रवीन्द्रनाथ और निराला की आर्थिक स्थितियों को लेकर है। निराला एक दरबान के बेटे थे, और किसान के पौत्र थे, रवीन्द्रनाथ 'प्रिन्स' परिवार के पुत्र-पौत्र थे। ऋषि-मुनियों का शुद्ध

दर्शन अपनी प्रकृति में आरण्यक हो सकता है, पर लेखक-कलाकार का दर्शन तो उसके अपने संघर्षों में से ही उपजता है और प्रामाणिक बनता है। ऐसी स्थिति में निराला दर्शन बनाने के योग्य न थे और रवीन्द्रनाथ थे, यह तर्क कुछ समझ में नहीं आता। हाँ, आलोचक के अपने ही प्रयोग को समझकर शायद कहा जा सकता है कि रवीन्द्र का दर्शन बना हुआ है जबकि निराला का दर्शन उनके संघर्षों और रचना-प्रक्रिया में से विकसित है। देवराज को ही फिर से स्मरण कर लें 'जहाँ किसी लेखक के दर्शन का उल्लेख आवश्यक है, वहाँ उसके मूल्यांकन के लिए अधिक प्रासंगिक चीज यह देखना है कि लेखक अपनी जीवन-दृष्टि को कितने प्रभावशाली ढंग से प्रकट कर सका है।'

अंग्रेज़ी को लेकर हीनता-ग्रन्थि अधिक चिन्त्य है। उपर्युक्त रवीन्द्र-सन्दर्भ को आगे बढ़ाता हुआ आलोचक लिखता है 'जहाँ तक स्वतन्त्र जीवन-दृष्टि गठित करने की योग्यता और साधना का सवाल है इस समय के हिन्दी साहित्य की स्थिति भी सन्तोषप्रद नहीं है। इधर हिन्दी लेखकों का अंग्रेज़ी ज्ञान फिर कम होने लगा है।' (पृ. 36) हिन्दी लेखकों के अंग्रेज़ी ज्ञान को ही शायद मानदण्ड बनाने के कारण देवराज अपने विवेचन को समेटते हुए लिखते हैं, 'एक तरह से इस तरह के विवेक का समूचे हिन्दी साहित्य में अभाव है, जिसका एक कारण यह है कि हिन्दी के कवि कभी एक स्वतन्त्र, लौकिक विवेकसम्पन्न जाति के प्रवक्ता नहीं रहे। हिन्दी काव्य हिन्दू जाति की गुलामी के समय का काव्य है।' (पृ. 37) ये दोनों वक्तव्य अपने में दुर्भाग्यपूर्ण हैं, वह अलग बात है, पर दोनों में ताल-मेल बैठाना कैसा कठिन है यह सम्प्रति विचारणीय है। हिन्दी कवियों का अंग्रेज़ी ज्ञान अंग्रेज़ों के शासन के समय स्वभावतः अधिक हो सकता था, पर तब हिन्दी काव्य हिन्दू जाति की गुलामी के समय का काव्य था। तो ऐसी स्थिति में हिन्दी काव्य के स्वतन्त्र जीवन-दृष्टि से सम्पन्न और विवेकपूर्ण होने की कोई सम्भावना ही नहीं बचती। हाँ, अब राजनीतिक आज़ादी के बाद, अंग्रेज़ी के दासता के युग में उत्कृष्ट हिन्दी काव्य, इस चिन्तन के अनुसार, लिखा जाना सम्भव है। अंग्रेज़ों की गुलामी न रहे, अंग्रेज़ों की रहे, हिन्दी रचनात्मकता के विकास का, यों, यह मूल मन्त्र माना जा सकता है। पर निराला ने 'तुलसीदास' में राजनीतिक दासता से भी अधिक भयावह चित्र सांस्कृतिक दासता का खींचा है।

हिन्दी कवियों के अंग्रेज़ी ज्ञान को ही यदि किसी क़दर मापदण्ड बनाया जाये तो छायावादी काव्य का विश्लेषण शायद देवराज का मत-समर्थन न कर सकेगा। छायावादी कहे जानेवाले कवियों में 6वीं और 8वीं कक्षा तक पढ़े कवि थे, इण्टरमीडिएट तक गये, ऐसे भी हैं, और एम.ए. तथा डॉक्टरेट की उपाधि प्राप्त करनेवाले भी हैं। यदि समकालीन मूल्यांकन को ध्यान में रखा जाये तो जान पड़ेगा कि छायावादी कवि की अंग्रेज़ी ढंग की शिक्षा की उच्चता और उसके द्वारा रचित काव्य की उत्कृष्टता में उलटा अनुपात है। 6वीं ज़मात तक पढ़ा शायद सूची में ऊपर होगा और डॉक्टर कवि सबसे नीचे। यों इससे कोई सामान्य निष्कर्ष किसी भी दिशा में निकालना उचित नहीं, हो सकता है कि यह सिर्फ़ एक संयोग-भर हो, पर फिर भी अपने में दिलचस्प है, खास तौर से देवराज की मत-स्थापना के सन्दर्भ में।

आलोचक की दृष्टि में परिष्कार का एक अच्छा उदाहरण एक अन्य प्रसंग से लिया जा सकता है। 'पतन' में उसने लिखा था 'उनकी (छायावादी कवियों की) अनुभूति प्रायः इतनी निराली रहती है कि सामान्य पाठक उनसे तादात्म्य का अनुभव नहीं कर पाते और उनका सामंजस्य अथवा एकीकरण भी मार्मिक नहीं हो पाता।' (पृ. 136) नये साहित्य की निराली अनुभूति की शिकायत समकालीन या कुछ बाद के पाठकों-समीक्षकों की ओर से होना बहुत अस्वाभाविक नहीं है। पर अपनी नयी भूमिका के अन्तिम अनुच्छेद में रसवादी दृष्टि का प्रत्याख्यान करते हुए देवराज लिखते हैं, "यदि साहित्य का एकमात्र लक्ष्य--जैसा कि रसवादी मानते हैं--स्थायी भावों की चर्वणा या उपभोग है, तो ज़ाहिर है कि नये, युगसापेक्ष साहित्य का सृजन और अनुशीलन दोनों ही साहित्य-प्रेमियों के लिए आवश्यक कार्य नहीं है।" (पृ. 38) इस तरह, छायावादी कवियों की 'निराली अनुभूति' क्यों है, इसका समाधान 'नये, युगसापेक्ष साहित्य' का सन्दर्भ देकर आलोचक स्वयं कर देता है। और नया साहित्य क्रमशः आस्वादन-प्रक्रिया का अंग बनकर उसे व्यापकतर करत रहता है।

छायावाद के पहले हिन्दी कविता के इतिहास में किसी नये रचना-आन्दोलन की टकराहट का प्रसंग उल्लिखित नहीं होता। ब्रजभाषा बनाम खड़ीबोली का संघर्ष काफ़ी तेज़ी से चला, परन्तु वहाँ काव्य भाषा के आधार-रूप का प्रश्न प्रमुख था, कविता की रचना-प्रक्रिया को लेकर बहस न थी। और इसके पहले रीतिकाल-भक्तिकाल के सम्बन्ध में इस

प्रकार के सन्दर्भों को प्राप्त करना ही सम्भव नहीं है। यों, छायावाद को लेकर काव्य-प्रक्रिया सजग आलोचना के केन्द्र में पहली बार आती है। और तब समझ में आता है कि पद्मसिंह शर्मा से लेकर अपेक्षया आधुनिक आलोचक तक छायावाद का विरोध ही करते अधिक दिखते हैं। देवराज ने 'छायावाद का पतन' लिखा—यहाँ 'पतन' शब्द कुछ अतिनाटकीय है और बहुत प्रीतिकर चुनाव नहीं कहा जा सकता। पतन साम्राज्यों का होता है, रचना-आन्दोलन का नहीं। नयी प्रवृत्तियों के उदय के लिए आचार्य रामचन्द्र शुक्ल ने अपने इतिहास में 'उत्थान' शब्द का प्रयोग किया है, पर उनके क्षीण होने को 'पतन' कहकर उल्लिखित नहीं किया। और आश्चर्य तो तब होता है जब छायावाद के प्रमुख पुरस्कर्त्ता नगेन्द्र का निष्कर्ष-रूप में यह वक्तव्य पढ़ने को मिलता है—'यह तो स्पष्ट ही है कि छायावाद का काव्य प्रथम श्रेणी का विश्व-काव्य नहीं है—कुण्ठा की प्रेरणा प्रथम श्रेणी के काव्य को जन्म नहीं दे सकती।' ('विचार और अनुभूति'—दूसरा संस्करण, पृ. 59) इसी क्रम में फिर अन्य आलोचकों ने भी छायावाद को कुण्ठा, असफल प्रणय, दमित वासना, निराशा आदि का काव्य कहा है। इस प्रसंग में विस्तृत विश्लेषण का अवसर अगले अध्याय 'छायावाद : शक्ति-काव्य' में होगा।

यहाँ इस बात का भी अवसर नहीं है कि 'कामायनी' विषयक उन प्रसंगों को लिया जाये जहाँ देवराज ने अपनी नयी भूमिका में प्रस्तुत लेखक को 'कामायनी' की भाषा और बिम्ब-विधान सम्बन्धी कुछ मान्यताओं का परीक्षण किया है। हाँ, बिम्ब की चर्चा करते हुए आलोचक ने इस भूमिका में जो उदाहरण दिये हैं, उनके बारे में कुछ ज़रूर कहना है। उसके अनुसार चित्रात्मकता और बिम्ब-विधान एक है। जहाँ वर्णन किसी भी प्रकार का चित्र खड़ा करे उसे आलोचक बिम्ब मान लेता है। और इसीलिए उसे सूर की निम्नलिखित पंक्तियों में बिम्ब-विधान का रूप नज़र आता है—

सोभित कर नवनीत लिये।
घुटुरुन चलत रेनु तनु मण्डित मुख दधि लेप किये।

× × ×

मैया मोहिं दाऊ बहुत खिजायो।
मो सों कहत मोल को लीन्हों तोहि जसुमति कब जायो॥
कहा कहौं एहि रिसि के मारे खेलन हौं नहिं जात।

यहाँ बाल-कृष्ण की गति-चेष्टाओं का आकर्षक वर्णन है जो चित्रात्मक हो जाता है। पर वर्णन अपनी ओर से सीधा और प्रस्तुत का है, जबकि बिम्ब मूलतः अप्रस्तुत-विधान है। देवराज ने कुछ ऐसा सीधा समीकरण बनाया है कि जहाँ वर्णन आकर्षक और प्रभावशाली है वहाँ बिम्ब है। यह कुछ उस तरह की दृष्टि है जिसके चलते रसवादी समीक्षक जहाँ आकर्षक प्रसंग हो वहाँ रस की अवस्थिति मान लेते हैं। देवराज के अनुसार जहाँ भाषा या वर्णन 'रागात्मक ऐक्य से अनुप्राणित हैं'—इसका जो भी कुछ अर्थ होता हो—वह बिम्ब का रूप है। जैसा कहा गया, यह रचना-प्रक्रिया के एक महत्त्वपूर्ण पक्ष का सरलीकरण है। प्रभावशाली तो वर्णन भी हो सकता है और बिम्ब-गठन भी, पर दोनों की प्रक्रिया अलग-अलग है। इस दृष्टि से अपनी नयी भूमिका में आलोचक ने जो बिम्ब मानकर उदाहरण दिये हैं (पृ. 25) उनमें से एक भी बिम्ब का रूप नहीं कहा जा सकता, वे सब सीधे वर्णन हैं। चित्रात्मकता दृश्य-विधान से जुड़ी है, जबकि बिम्ब संश्लिष्ट अर्थ-प्रक्रिया से। बिम्ब में आरम्भिक स्तर पर चित्र का रूप है, पर चित्रात्मकता अपने में बिम्ब नहीं है।

अब यहाँ कुछ कविताओं की व्याख्या के प्रसंग को लेना उचित होगा क्योंकि देवराज अपने विवेचन के केन्द्र में, सही ही, कविता को रखते हैं न कि कुछ अन्य समकालीन आलोचकों की तरह कविता की विचारधारा को। 'कामायनी' के सन्दर्भ में आलोचक की आपत्ति है "सबसे अधिक अबुद्धिगम्य है मनु की ईर्ष्या। परिणय से पहले ही, किसी प्रतिद्वन्द्वी के अभाव में, इनमें 'ईर्ष्या का दृप्त फण' (वासना-पद्य 18) उत्थित होता है।" (पृ. 56) 'कामायनी' में आदिम मनुष्य के मन का उत्तरोत्तर जटिल होता रूप अंकित हुआ है। मनु के मन में ईर्ष्या का पहला कारण होता है श्रद्धा का पालतू पशु, जिसे यज्ञ के निमित्त से वे मार डालते हैं। और फिर भावी शिशु को लेकर तो यह ईर्ष्या भाव और सघन हो जाता है। उनकी दृष्टि में ये सब 'प्रेम बाँटने के प्रकार' (ईर्ष्या सर्ग) हैं, जिसके लिए उनका आदिम उग्र अहंवादी मन किसी प्रकार तैयार नहीं। स्मरणीय है कि श्रद्धा और मनु के माध्यम से यहाँ सृष्टि की पहली सन्तान जन्म ले रही है—देव-सृष्टि तो अजर-अमर थी, इसलिए वहाँ जन्म की सम्भावना ही न थी—और इस दृष्टि से 'वात्सल्य' का उदात्तीकृत भाव अभी विकसित नहीं हुआ है। अभी सिर्फ़ आधिपत्य का भाव, और उसमें बाधा पड़ने पर ईर्ष्या-ही-ईर्ष्या है। इसी प्रकार 'कामायनी' को लेकर आलोचक की एक

और कटूक्ति देखी जा सकती है—"अम्बे, फिर क्यों इतना विराग। मुझ पर न हुई क्यों सानुराग?' यहाँ 'फिर' शब्द की क्या सार्थकता है यह या तो इड़ा जानती होगी या प्रसाद जी... ।" (पृ. 120) इस अर्थगत असंगति को देवराज ने प्रसाद के विचारगत असामंजस्य का पहला उदाहरण माना है। यहाँ पूरे प्रसंग को थोड़े ध्यान से ही पढ़ने पर अर्थ स्पष्ट हो जाता हैं। श्रद्धा संसार के उल्लासमय रूप पर प्रकाश डालती हुई कहती है—"यह विश्व अरे कितना उदार। मेरा गृह रे उन्मुक्त द्वार...मेरा निवास अति मधुर कान्ति। यह एक नीड़ है सुखद शान्ति।" इसके ठीक बाद इड़ा की विवेच्य पंक्तियाँ आती हैं—"अम्बे, फिर क्यों इतना विराग...'। यहाँ 'फिर' का सन्दर्भ स्पष्ट है। यह दबी ज़बान इड़ा की शिकायत है कि इतनी उदार श्रद्धा फिर उससे (इड़ा से) क्यों अप्रसन्न है, जिस शिकायत का प्रत्याख्यान अगले ही छन्द में श्रद्धा करती है—"बोली तुमसे कैसी विरक्ति। तुम जीवन की अन्धानुरक्ति।" इस छोटे-से पर महत्त्वपूर्ण प्रयोग 'फिर' को न समझकर देवराज ने माना है "कामायनी का अधिकांश इसी प्रकार अस्पष्ट एवं असम्बद्ध व्यंजनाओं से भरा है...आलोचकों का आतंक अथवा परीक्षा में फेल होने का भय ही पाठकों या विद्यार्थियों से यह कहला सकता है कि वे उक्त काव्य को समझते और पढ़कर आनन्द पाते हैं।" (पृ. 121) और फिर चलते-चलते देवराज विख्यात रिचर्ड्स का एक उद्धरण देकर अपने अभियोग को अपनी समझ से बिलकुल पक्का कर देते हैं। अब यह देखने की बात है कि यहाँ 'आलोचकों का आतंक' तो है, पर वह कविता के किस ओर है यह समझने की बात है।

एक व्याख्या सुमित्रानन्दन पन्त की ली जाये। विवेच्य कविता है 'स्याही का बूँद'। देवराज की टिप्पणी है 'असंख्य सुख-दुःखों से भरे, निरन्तर विक्षुब्ध, मानव-जीवन में जिसे कविता के 'विषय' नहीं मिलते वही इस प्रकार बैठकर 'स्याही का बूँद' पर कल्पनाओं का ग्रथन करेगा...'कली में छिपा वसन्त-विकास' क्या स्याही का बूँद है? और यदि बूँद यह सब चीज़ें है तो घोड़ा, गाड़ी, यूरोप का महायुद्ध आदि क्यों नहीं है? कल्पना की यह अराजकता, उसका 'फैन्सी' के हवाई धरातल पर इस प्रकार का अधःपतन सचमुच दयनीय है।" (पृ. 129) अब यह कैसे कहा जाये कि स्याही का बूँद यह सब तो है ही आलोचक की ऊपर उद्धृत टिप्पणी भी है। जो दार्शनिक बीज में वट की सम्भावना देख सकता है वह स्याही का बूँद में महाकाव्य का विस्तार न समझ पाये यह विडम्बना की स्थिति

है। कली में जैसे वसन्त-विकास की सम्भावना निहित है वैसे ही स्याही का बूँद में तमाम विचारों और अनुभवों को अंकित करने की सम्भावना है। कोरा कागज़ भी ऐसे ही मन में तरह-तरह की सम्भावनाएँ जगा जाता है, और लेखक के सामने एक चुनौती बनकर आता है।

यह ठीक है कि आज आलोच्य पुस्तक के मूल अंश पर टिप्पणी करना कुछ अनौचित्यपूर्ण लग सकता है, पर प्रस्तुत पुस्तक हमारी आलोचना-सरणि का एक अंग है, और इसी रूप में उसकी विवेचना आवश्यक है। इस बहाने कविता की व्याख्या-प्रक्रिया को एक बार फिर केन्द्र में लाया जा सकता है, और जो आज की बहुत बार अवान्तर ब्यौरों में उलझी आलोचना के सन्दर्भ में ज़रूरी भी है।

एक महत्त्वपूर्ण उल्लेख 'राम की शक्ति-पूजा' को लेकर है, और यह प्रसंग आलोचक की नयी भूमिका में आता है। देवराज लिखते हैं—"निराला की अन्यतम प्रौढ़ रचना 'राम की शक्ति-पूजा' में राम अलौकिक दुर्गा की पूजा-उपासना द्वारा रावण-विजय करने की क्षमता पाते हैं। उक्त कविता निराला की परम्परामग्नता का ही निदर्शन है, न कि उनके मानववाद का।" (पृ. 37) यहाँ आलोचक, लगता है, काफ़ी इत्मीनान से यह भुला देता है कि कविता-मात्र (यहाँ किसी विशेषण की अपेक्षा नहीं है) कई सम्बद्ध अर्थ-स्तरों पर अपने को खोलती चलती है, उसका कोई एक निश्चित-सीधा अर्थ नहीं होता। इन अर्थ-स्तरों की अपनी बुनावट और टकराहट में ही अर्थ अक्षय होता है, और कविता देश-काल से व्युत्पन्न होकर भी उनका अतिक्रमण कर जाती है। 'राम की शक्ति-पूजा' में शक्ति है क्या, इसकी ओर आलोचक ने ध्यान नही दिया। जाम्बवान् राम को समझाते हैं 'शक्ति की करो मौलिक कल्पना' और इस तरह पूरी कविता का सूत्र दे देते हैं—शक्ति, मौलिक कल्पना में सम्भव है, वह रचनात्मक है अनुकरणात्मक नहीं। कविता की अन्तिम पंक्ति आती है—'कह महाशक्ति राम के बदन में हुई लीन।' स्पष्ट झलकता है कि शक्ति यहाँ व्यक्ति की आत्मशक्ति है जिसका अन्दर निवास है, जिसे जाग्रत और विकसित करना है। क्या अब भी यह कहने को शेष रह जाता है कि कविता में शक्ति की सूक्ष्म व्याख्या है—जो छायावाद की एक मुख्य प्रतिश्रुति है—और दुर्गा-पूजा का उपदेश या प्रचार नहीं है?

नयी भूमिका का एक और प्रसंग 'आँसू' को लेकर है, और यह ध्यान देने की बात है कि ऐसे प्रसंगों में अधिकतर आलोचक की टिप्पणी तीखे

व्यंग्य में चलती है, जो अपना औचित्य सिद्ध न होने की स्थिति में स्वभावतः उलट पड़ता है। 'आँसू' को लेकर आलोचक ने अपनी कठिनाइयाँ व्यक्त की हैं ''कभी-कभी तो यह समझना भी कठिन हो जाता है कि कवि का प्रेम-पात्र स्त्री है या पुरुष। उदाहरण के लिए,

बाँधा था विधु को किसने
इन काली जंजीरों से
मणिवाले फणियों का मुख
क्यों भरा हुआ हीरों से?

इस पद्य में स्पष्ट ही नारी चित्र दिया गया है। (मणिवाले सर्प का मुख हीरों से भरा हुआ होने में क्या अन्तर्विरोध छिपा हुआ है यह समझना कठिन है)'' पृ. 21। जहाँ तक 'कवि का प्रेम-पात्र स्त्री है या पुरुष' यह समझने की कठिनाई का प्रश्न है, हो सकता है, प्रसाद ने ऐसा रूप-वर्णन जान-बूझकर इसलिए किया हो जिससे वह स्त्री और पुरुष सभी पाठकों के लिए समान भाव से आस्वाद्य हो जाये। आलम्बन स्त्री है या पुरुष, प्रेमी है या परमेश्वर यह प्रश्न आधुनिक कविता में रवीन्द्रनाथ से लेकर अज्ञेय तक अप्रासंगिक हो गया है, कर दिया गया है। मुख्य बात असल में प्रणयानुभूति की उत्कटता है, आलम्बन का स्वरूप नहीं। 'मणिवाले फणियों' के बिम्ब में अन्तर्विरोध सौन्दर्य और क्रूरता के संगम को प्रकट करता है, जो रोमाण्टिक कवियों के लिए एक कथानक-रूढ़ि की तरह रहा है। कीट्स की 'निष्करुण सुन्दरी', 'लामिया' और निराला की 'कण्ठ लगी उरगी' अनायास स्मरण हो जाती हैं। अन्तिम दोनों उदाहरणों में तो सर्प का ही प्रतीक लिया गया है, आकर्षण और क्रूरता के मिले-जुले भाव को व्यक्त करने के लिए।

इस क्रम में अन्तिम प्रसंग फिर 'कामायनी' से लिया जा रहा है। पुस्तक के मूल अंश में 'लोक संवेदना का तिरस्कार' शीर्षक खण्ड में आलोचक लिखता है, ''अपना परिचय देते हुए मनु जब कहते हैं—'मैं पाखण्ड वह हिम-खण्ड हूँ जो गल नहीं सका, जो शैल-निर्झर नहीं बना और दौड़कर समुद्र की गोद में न पहुँच सका' तो यह समझ में नहीं आता कि हिम-खण्ड का वैसा ही बना रहना दुर्भाग्य क्यों है? बाल-सूर्य की किरणों में चमकता हुआ स्वच्छ धवल हिम-खण्ड हमें अभागा तो नहीं जान पड़ता।'' (पृ. 146) यहाँ श्रद्धा सर्ग में मनु अपना आरम्भिक परिचय दे रहे हैं। देव-सृष्टि के आकस्मिक विनाश से त्रस्त और स्तब्ध मनु को अपना

जीवन अब शून्य, निस्सार और गतिहीन जान पड़ता है। इसीलिए अपने परिचय के प्रसंग में जो बिम्ब उन्होंने दिये हैं वे हैं 'उल्का', 'शून्यता का उजड़ा-सा राज', 'विस्मृति का स्तूप'। इसी क्रम में वे कह रहे हैं कि उनका जीवन हिम-खण्ड की तरह जड़ और गतिहीन है, निर्झर की भाँति गतिशील और प्रवाहमय नहीं। 'हिम-खण्ड' जहाँ उनकी कठोर अहम्मन्यता को व्यक्त करता है, वहीं यह भी संकेत देता है कि वे अपने व्यक्तित्व को विस्तार नहीं दे पाये हैं। यों चमकता हुआ हिम-खण्ड, प्रस्तुत सन्दर्भ में शैल-निर्झर के सामने स्पृहणीय नहीं रह जाता। हो सकता है कि किसी अन्य बिम्ब-विधान के सन्दर्भ में दोनों की यह पारस्परिक स्थिति उलट भी जाये। पर वह अलग बात है।

प्रस्तुत विवेचन की मन्शा यह दिखाना नहीं है कि कैसे किसी कविता का यह अर्थ सही है और दूसरा गलत—यहाँ वस्तुतः 'सही' और 'गलत' का कोई अर्थ नहीं—बल्कि कविता की अर्थ-प्रक्रिया को ही केन्द्र में रखना है। और इसके लिएं देवराज का एक बार फिर आभार मानना होगा कि उन्होंने छायावादी काव्य की—जो उन्हीं के निष्कर्षात्मक शब्दों में 'अपनी सब कमियों के बावजूद हमारी भाषा में आधुनिक युग का प्रतिनिधि काव्य है'—अर्थ-प्रक्रिया पर अपनी आलोचना में बराबर बल दिया है, ग्रन्थ के मूल अंश में भी और नयी भूमिका में भी। अपने नये नामकरण की सम्भावनाओं के बावजूद छायावाद के ऐतिहासिक विकास-क्रम में उसकी उतनी जिज्ञासा नहीं रही जितनी उस कविता के विकसित स्वरूप में।

●

छायावाद : शक्ति-काव्य

हिन्दी समीक्षा में 'छायावाद' शब्द बहुत बार प्रायः एक दुर्वचन के रूप में प्रयुक्त होता दिखता है। भावुकता, कल्पना-विलास, यथार्थ से अलगाव, और जिसे आचार्य रामचन्द्र शुक्ल ने अपने इतिहास में 'मधुचर्या' कहा, इन विविध मनःस्थितियों को वर्णित करने के लिए एक मोटा शब्द 'छायावाद' चल जाता है। यह परिस्थिति जहाँ अतिसरलीकरण से उत्पन्न हुई है वहीं अनेक विभ्रमों को उपजाती है। अंग्रेज़ी में भी 'रोमाण्टिक' शब्द कभी-कभी हलके तिरस्कार के भाव को लपेटे रहता है, जबकि 'सेन्टीमेण्टल' शब्द का प्रयोग तो निश्चित रूप से खिल्ली उड़ाने के लिए होता है। पर इस तरह के दोनों अंग्रेज़ी प्रयोग सामान्य बोलचाल के ही क्षेत्र में अधिक चलते हैं। साहित्यिक सन्दर्भों में 'रोमाण्टिक' शब्द अपने पूरे भाव-गाम्भीर्य के साथ प्रयुक्त होता है। हिन्दी में 'छायावाद' शब्द इस तुलना में अब काफ़ी अवमूल्यित दिखता है; एक उदाहरण प्रस्तुत है, सन्दर्भ निराला की कविता 'तोड़ती पत्थर' का है—'ये सारे शब्द-बंध छायावादी हैं और गाढ़े के कुर्ते में चमकते हुए रेशमी पेबन्द-से लगते हैं, जो सौन्दर्य को बढ़ाते नहीं, उसका खुरदुरापन भंग करते हैं।' समीक्षा के नये रूप में, जो मुख्यतः नयी कविता के सन्दर्भों से विकसित हुआ है, 'छायावादी' शब्द का यह प्रातिनिधिक प्रयोग कहा जा सकता है (हो सकता है कि प्रस्तुत समीक्षक भी इस प्रवृत्ति का अपवाद न हो)। शुक्ल जी के बाद छायावादी काव्य की जो समझ मुख्यतः नन्ददुलारे वाजपेयी के माध्यम से विकसित हुई थी वह फिर परवर्ती काव्य आन्दोलनों के उत्साह अतिरेक में क्रमशः मन्द पड़ गयी।

स्पष्ट ही यहाँ प्रश्न एक विशेष शब्द के प्रयोग का नहीं है। मुख्य बात है ऐतिहासिक विकास-क्रम में उस प्रयोग से द्योतित रचना-धारा के प्रति दृष्टिकोण की। साहित्य के इतिहास में किसी भी रचना-धारा के लिए कोई भी नामकरण कभी पूरे तौर पर तोषप्रद नहीं हो सकता; 'छायावाद' भी नहीं है। पर देखना यह है कि नामकरण के प्रति असन्तोष रचना-धारा ही

के प्रति कोई पूर्वाग्रह न बना दे। यह सचमुच एक विचित्र स्थिति है कि साधारण ढंग से छायावाद कहने पर चाँदनी रात, नौका-विहार, जुही की कली आदि से सम्बद्ध कविताओं की याद अधिक दिलायी जाती है, 'कामायनी', 'राम की शक्ति-पूजा', 'तुलसीदास' को पृष्ठभूमि में डाल दिया जाता है। छायावाद का यह मनश्चित्र बनाने में कुछ तो उस युग के उन समीक्षकों और इतिहासकारों का योगदान है जो छायावाद को मूलतः प्रकृति सम्बन्धी काव्य मानना चाहते थे। प्रकृति-काव्य के प्रेमी होने के कारण स्वयं रामचन्द्र शुक्ल इसी धारणा के निकट थे। उनका आग्रह तो यहाँ तक था कि प्रकृति को ही सर्वतः आलम्बन मानकर कविता लिखी जा सकती है, लिखी जानी चाहिए। उदाहरण प्रस्तुत करने की दृष्टि से उन्होंने स्वयं एक लम्बी कविता सवैया-जैसे छन्दों में लिखी थी—'कविता, वह हाथ उठाये हुए, चलिये कवि वृन्द बुलाती वहाँ।' 'हिन्दी साहित्य का इतिहास' में छायावादी कवि-चतुष्टय में से सुमित्रानन्दन पन्त के काव्य के प्रति विशेष रुझान का एक कारण भी शुक्ल जी के मन का यह प्रकृति-प्रेम और उसके प्रति उत्साह है।

यह ठीक है कि छायावादी कवियों के आरम्भिक काव्य में प्रकृति के प्रति एक किशोर सम्मोहन भाव दिखता है; पर धीरे-धीरे इस प्रकृति का स्थान मानवीय जीवन और उसकी विविध जटिल भाव-भूमियाँ ले लेती हैं। जब पन्त ने शुरू-शुरू में लिखा था—

छोड़ द्रुमों की मृदु छाया
तोड़ प्रकृति से भी माया,
बाले! तेरे बाल-जाल में कैसे उलझा दूँ लोचन?
भूल अभी से इस जग को!

तब शायद उनके 'जग' में प्रकृति का ही विशेष महत्त्व था! पर यथार्थ की समझ के प्रयत्न में प्रकृति को बाद दिये बिना भी उनकी तथा अन्य छायावादी कवियों की कविताओं में मनुष्य और उसके सामाजिक परिवेश का तनाव क्रमशः केन्द्र में आता जाता है। विडम्बना इस बात की है कि स्वयं इन कवियों की विश्व-दृष्टि जहाँ विकसित और समृद्ध होती गयी है वहाँ इन कवियों के काव्य का जो मनश्चित्र हिन्दी पाठकों और समीक्षकों की पहली पीढ़ी में बना था वह हमारे साहित्यिक वातावरण में अभी

परिव्याप्त है। ऊपर उद्धृत कविता का यदि पन्त ने नया संस्करण लिखा होता तो प्राथमिकताओं का क्रम शायद बिलकुल उलटा होता।

प्रकृति-काव्य और छायावादी काव्य में विभ्रम उत्पन्न होने की सम्भावना है, इस बात को जयशंकर प्रसाद ने समझा था। अपने निबन्ध 'यथार्थवाद और छायावाद' का समापन करते हुए उन्होंने लिखा है, "प्रकृति विश्वात्मा की छाया या प्रतिबिम्ब है, इसलिए प्रकृति को काव्यगत व्यवहार में ले आकर छायावाद की सृष्टि होती है, यह सिद्धान्त भी भ्रामक है। यद्यपि प्रकृति का आलम्बन, स्वानुभूति का प्रकृति से तादात्म्य नवीन काव्य-धारा में होने लगा है, किन्तु प्रकृति से सम्बन्ध रखनेवाली कविता को ही छायावाद नहीं कहा जा सकता।" इतनी खरी चेतावनी के सन्दर्भ में अच्छी तरह समझा जा सकता है कि रचनात्मक स्तर पर प्रकृति का सीमित उपयोग ही छायावादी कवियों ने किया है।

यह बात कहने पर कुछ अटपटी-सी लग सकती है कि हिन्दी में छायावाद का मनश्चित्र बनाने में एक बड़ा योगदान रवीन्द्रनाथ ठाकुर, विशेषतः उनकी 'गीतांजलि' का है। क्योंकि आरम्भिक काल में यह मानकर चला जाता था कि हिन्दी का छायावादी काव्य बँगला के अनुकरण पर है (द्र. 'पुराने ईसाई सन्तों के छायाभास तथा यूरोपीय काव्य-क्षेत्र में प्रवर्तित आध्यात्मिक प्रतीकवाद के अनुकरण पर रची जाने के कारण बंगाल में ऐसी कविताएँ 'छायावाद' कही जाने लगी थीं। यह 'वाद' क्या प्रकट हुआ, एक बने-बनाये रास्ते का दरवाज़ा खुल पड़ा और हिन्दी के कुछ नये कवि उधर एकबारगी झुक पड़े।'—रामचन्द्र शुक्ल; 'हिन्दी साहित्य का इतिहास', पृ. 566), अतः 'गीतांजलि' में जैसा प्रकृति-चित्रण, मानवीय प्रेम और अध्यात्म का संश्लेष था वैसा ही काव्यात्मक वातावरण छायावाद का मान लिया गया। हिन्दी पाठक की यह विचित्र दीक्षा थी कि 'गीतांजलि' पढ़ने पर उसे जैसी अनुभूति होती वैसी ही अनुभूति वह अनिवार्यतः छायावादी आस्वादन के साथ जोड़ लेता था।

बँगला का प्रभाव उस युग के मध्यदेशीय जीवन में था, इस पर दो मत नहीं हो सकते। साधरण आचार-व्यवहार से लेकर साहित्यिक रचना-कर्म के लिए मध्यदेश को आदर्श बंगाल से मिलता था। भौगोलिक और ऐतिहासिक दृष्टि से यह स्वाभाविक था, क्योंकि, उन्नीसवीं शती में

पुनर्जागरण का नेतृत्व बंगाल ने किया था। निराला का काव्य-व्यक्तित्व मनोविश्लेषण के स्तर पर एक गुत्थी है, उसका कोई समाधान नहीं होता, यदि उसमें से बंगाल के सम्पर्क को बाद कर दिया जाये। निराला बैसवाड़े के ग्रामीण परिवार के थे, पिता सामान्य सिपाही, शिक्षा कुछ हुई नहीं, हिन्दी भाषा के जीवित सम्पर्क से अलग रहे, फिर उनके काव्य में यह रचनात्मक ऊर्जा कहाँ से आती है? और तब विधेयवादी दृष्टिकोण का समर्थन न करते हुए भी दिखता है कि बैसवाड़े के संस्कारों को परिष्कार कलकत्ता से टकराहट में मिला। हिन्दी-साहित्य के क्षेत्र में बँगला का यह रचनात्मक सम्पर्क आधुनिक काल में भारतेन्दु के समय से ही दिखायी देने लगता है। भारतेन्दु हरिश्चन्द्र के पिता बाबू गोपालचन्द्र की कृतियों में से 'प्रेमतरंग' का ब्यौरा देते हुए ब्रजरत्नदास लिखते हैं, ''ग्रन्थकर्त्ताओं में स्वर्गीय श्री बाबू गोपालचन्द्र उपनाम 'गिरिधरदास' जी तथा भारतेन्दु हरिश्चन्द्र का नाम दिया है। इसमें 64 पृष्ठ और 361 पद है, जिसमें बाबू गिरिधरदास के 23, बाबू हरिश्चन्द्र के 204 और 44 'चन्द्रिका' उपनाम के हैं। अन्तिम 34 बँगला के हैं।'' 'भारतेन्दु हरिश्चन्द्र', पृ. 58।

पर महत्त्वपूर्ण बात यह है कि पुनर्जागरण के बँगला मनीषी रामकृष्ण देव, विवेकानन्द और रवीन्द्रनाथ से प्रेरणा लेकर निराला साहित्यिक रचनात्मक ऊर्जा में अपनी गुरु-परम्परा से आगे बढ़ जाते हैं। दुर्गा-पूजा के देश बंगाल में शक्ति-आराधना पर वैसी ऊर्जस्वित रचना नहीं लिखी गयी जैसी 'राम की शक्ति-पूजा' है। शक्ति का मन्त्र निराला को—प्रसाद और पन्त को भी—बंगाल से मिला, पर शक्ति-काव्य मध्यदेश में इन छायावादी कवियों ने रचा। 'कामायनी', 'तुलसीदास', 'राम की शक्ति-पूजा' में शक्ति और मानवीय चेतना का जैसा आख्यान है वैसा बँगला काव्य या रवीन्द्रनाथ में नहीं मिलता। बंगाल की सुकुमार कल्पना और सूक्ष्म प्रतिभा मध्यदेशीय पौरुष के सम्पर्क में, तथा ब्रजभाषा के विरोध में उठ खड़ी हुई खड़ीबोली की खड़खड़ाहट बँगला भाषा की कोमलता के संस्पर्श में शक्ति और दीप्ति का संश्लेष बन गयी। बंगाल से जो कुछ निराला ने लिया उसमें बहुत-कुछ जोड़कर जैसे उन्होंने गुरु-ऋण को पूरा किया। इसीलिए रवीन्द्रनाथ का काव्य और 'गीतांजलि' जिस वातावरण का निर्माण करते हैं वह हिन्दी के छायावादी काव्य-संसार का एक अंशमात्र है, उसके केन्द्र

में तो शक्ति-चेतना का वह उत्स है जिसने भारतीय पुनर्जागरण को परिचालित किया था, और जो फिर क्रमशः साहित्य के सूक्ष्म स्तरों पर उन्मुक्त हुआ। रवीन्द्रनाथ में प्रकृति और राष्ट्रीयता के विविध रूप हैं, शृंगार और अध्यात्म का सूक्ष्म चित्रण है, प्रार्थना की गहराई है, पर शक्ति-काव्य का वह रूप नहीं है जो प्रसाद या निराला में मिलता है।

'छायावाद' शब्द के आरम्भिक प्रयोगकर्त्ता ने 'छाया' शब्द से ठीक-ठीक क्या व्यंजना देनी चाही थी यह बता पाना तो आज कठिन है, पर इस सन्दर्भ में 'छाया' शब्द की कई व्याख्याएँ हिन्दी समीक्षा में प्रचलित हैं। इस नयी रचनाधारा के विरोधियों ने 'छाया' का अर्थ प्रभाव या अनुकरण किया। एक दूसरे वर्ग ने 'छाया' का अर्थ लिया सूक्ष्म और वायवीय। एक अन्य अर्थ हुआ अस्पष्ट। कवि प्रसाद ने संस्कृत प्रयोगों के साक्ष्य पर 'छाया' की व्याख्या की : 'मोती के भीतर छाया की जैसी तरलता।' 'छाया' का अर्थ पानी, आब, चमक, कान्ति लेते हुए उन्होंने निष्कर्षतः कहा, ''छाया भारतीय दृष्टि से अनुभूति और अभिव्यक्ति की भंगिमा पर अधिक निर्भर करती है।'' यहाँ स्पष्ट ही अधिक सम्पृक्त और रचनात्मक दृष्टि प्रसाद की है। 'छाया' के प्रभाव, सूक्ष्म और अस्पष्ट-जैसे अर्थों का प्रत्याख्यान करते हुए, और उसे महज़ प्रकृति-काव्य से अलग करके उन्होंने छायावाद की संरचना में चमक और कान्ति पर बल दिया। यह चमक और कान्ति शक्ति की ही एक पहचान है।

इस तरह छायावाद महज़ सन्ध्या-सुन्दरी, चाँदनी रात या नौका विहार का चित्र नहीं है। वह मूलतः शक्ति-काव्य है, पुनर्जागरण चेतना का व्यापक और सूक्ष्म रूप है और अपनी अर्थ-प्रक्रिया में मानव व्यक्तित्व को गहरे स्तरों पर समृद्ध करता है। 'कामायनी' में देव और असुर संस्कृतियों से भिन्न, और उनकी तुलना में अधिक सर्जनात्मक मानवीय संस्कृति के विकास का आख्यान है, उसके वर्तमान संकट की समझ है और इस संकट से बचाव की सम्भाव्य दिशा संकेतित है। थके और पराजित मनु के प्रति अपने उद्‌बोधन का समापन श्रद्धा इन शब्दों में करती है—

शक्ति के विद्युत्कण, जो व्यस्त
विकल बिखरे हैं, हो निरुपाय;
समन्वय उसका करे समस्त
विजयिनी मानवता हो जाय।

यहाँ मूल सन्देश शक्ति के नियोजन का ही है और सन्दर्भ राष्ट्रीय होते हुए भी चिन्ता समस्त मानवता की है। लगभग इसी के समानान्तर स्थिति 'राम की शक्ति-पूजा' में है। रावण के पक्ष में शक्ति आ गयी है, राम यह जानकर स्तब्ध और हताश हैं—

कल लड़ने को हो रहा विकल वह बार-बार,
असमर्थ मानता मन उद्यत हो हार-हार;

× × ×

कुछ क्षण तक रहकर मौन सहज निज कोमल स्वर,
बोले रघुमणि—'मित्रवर, विजय होगी न समर,
यह नहीं रहा नर-वानर का राक्षस से रण,
उतरीं पा महाशक्ति रावण से आमन्त्रण;
अन्याय जिधर, हैं उधर शक्ति।' कहते छल-छल
हो गये नयन, कुछ बूँद पुनः ढलके दृगजल

मनु की और राम की हताश मनःस्थिति बहुत-कुछ मिलती-जुलती है। और मनुष्यमात्र के जीवन में कभी-न-कभी ऐसी मनःस्थिति आती है। पर मनुष्य का साहस और सर्जन-क्षमता उसका अतिक्रमण भी करती है। जाम्बवान् राम को परामर्श देते हैं—

शक्ति की करो मौलिक कल्पना, करो पूजन,
छोड़ दो समर जब तक न सिद्धि हो, रघुनन्दन!

'शक्ति की करो मौलिक कल्पना'—सम्पूर्ण कविता की रचना-दृष्टि यहीं से आलोकित और प्रवाहित होती है। शक्ति की उपलब्धि अनुकरण से सम्भव नहीं, शक्ति को सदा मौलिक रूप में ही परिकल्पित किया जा सकता है। हर एक की शक्ति-साधना निजी और विशिष्ट होगी। यहाँ राम जितने अपने लिये हैं, उतने ही राष्ट्रीय-चेतना के प्रतीक हैं और उतने ही स्वयं कवि-व्यक्तित्व के। ये कई अर्थस्तर एक-दूसरे से टकराकर मानवीय आत्म-शक्ति का एक विराट् आख्यान प्रस्तुत करते हैं। कविता का अन्त होता है—

'होगी जय, होगी जय, हे पुरुषोत्तम नवीन!'
कह महाशक्ति राम के वदन में हुईं लीन।

महाशक्ति का राम के वदन में लीन हो जाना आत्म-शक्ति के विकास की ही व्यंजना देता है। शक्ति अपने से बाहर कहीं नहीं है, अपने ही अन्दर

है, केवल उसे जाग्रत और विकसित करना है और यह प्रक्रिया अपने में मौलिक है, विशिष्ट है। इसी सन्दर्भ में शक्ति की मौलिक कल्पना करने में क्षम राम को सम्बोधित करते हुए उन्हें 'नवीन' पुरुषोत्तम कहा गया है। श्रद्धा सर्ग की अन्तिम पंक्तियों में शक्ति और विजय का जो सन्देश है—'विजयिनी मानवता हो जाय' वह यहाँ दूसरे कथा-वृत्त के बीच से फूटता है। शक्ति-साधना का मूल स्वर एक है।

और यही स्वर एक विस्तृत फलक पर निराला के 'तुलसीदास' में मुखरित होता है। 'तुलसीदास' काव्य कवि तुलसी की रचना-प्रक्रिया को गतिशील होते हुए अंकित करता है और इस रचना-शक्ति के विमुक्त होने में राष्ट्रीय जीवन के सांस्कृतिक सन्दर्भों और कवि के वैयक्तिक प्रणय की अन्तर-क्रिया को सूक्ष्म स्तरों पर आलोकित करता है। रत्नावली के जन-प्रचलित कथानक को लेकर निराला ने कवि के मनोवैज्ञानिक, सांस्कृतिक तथा सर्जनात्मक पक्षों को एक संश्लिष्ट रूप में उभारा है। काव्य के अन्तिम अंश में तुलसी को अपनी प्रिया का व्यक्तित्व भारती में रूपान्तरित होते दिखता है, उनकी आरम्भिक सांस्कृतिक चिन्तना और पत्नी के प्रति एकान्त प्रणय-भाव जैसे एक-दूसरे में विलीन हो जाते हैं। उनके हृदय में एक नया स्वर उठता है, जो 'आसुर भावों से भूने' प्रदेश में सर्वत्र गूँज उठता है। उस स्वर-क्रम का एक छन्द इस प्रकार है—

'होगा फिर से दुर्धर्ष समर
जड़ से चेतन का निशिवासर,
कवि का प्रति छवि से जीवनहर, जीवनभर;
भारती इधर, हैं उधर सकल
जड़ जीवन के संचित कौशल;
जय, उधर ईश, हैं उधर सबल माया-कर।

संस्कृतियों और विचारधाराओं का संघर्ष यों तुलसी के 'रामचरितमानस' का प्रमुख उपजीव्य बनता है, 'भारती इधर, हैं उधर सकल/जड़ जीवन के संचित कौशल'। यही संघर्ष निराला के 'तुलसीदास' का है, स्वयं निराला का है, जिसे वे 'राम की शक्ति-पूजा' में राम के ही माध्यम से अंकित करते हैं ('रावण अधर्मरत भी अपना मैं हुआ अपर—')। इस तरह एक ही रचना में कई स्तरों पर यह जीवन-मूल्यों और पक्षों का संघर्ष चित्रित हुआ है, जिसे 'शक्ति-पूजा' के आरम्भ में कवि ने कुछ नाटकीय मुद्रा में

'राम-रावण का अपराजेय समर' कहा है। 'कामायनी' की तो मूल वस्तु यही है—देव-असुर और मानव संस्कृतियों की टकराहट। पहले देव और असुर संस्कृतियों का संघर्ष है, जिसका चित्रण प्रधानतः इड़ा सर्ग में हुआ है (था एक पूजता देह दीन/दूसरा अपूर्ण अहन्ता में अपने को समझ रहा प्रवीण)। फिर देव और असुरों की साझी संस्कृति से टकराकर नयी मानवीय संस्कृति विकसित होती है, जो नश्वर है, पर अपनी नश्वरता में ही सर्जनात्मक है और प्रेम की शक्ति को विकसित करती है। आधुनिक युग के पुनर्जागरण में यह सांस्कृतिक संघर्ष की वस्तु अर्थ के स्तर पर और संचरणशील हो जाती है; अब टकराहट भारतीय और पाश्चात्य धाराओं के बीच है। इस सारे संघर्ष में मौलिक रचना-शक्ति की जय, भारती ('तुलसीदास') और दुर्गा ('राम की शक्ति-पूजा') जिसकी अधिष्ठात्री हैं, कवि के आत्मविश्वास का केन्द्रबिन्दु है।

'राम की शक्ति-पूजा', 'तुलसीदास' और 'कामायनी' में ही नहीं, 'आँसू' में भी, जिसे सामान्यतः छायावादी परिदृश्य के अन्तर्गत विरह-काव्य के रूप में स्वीकार किया जाता है, सामान्य द्वन्द्व और संघर्ष को अतिक्रमित कर जाने की प्रक्रिया अंकित हुई है। 'कामायनी' में सुख-दुःख के द्वन्द्व से ऊपर उठकर आनन्द की जो स्थिति है कुछ वैसी ही स्थिति 'आँसू' में वेदना की है। इसीलिए वेदना को कवि ने कहा है, 'जगद्वन्द्वों के परिणय की हे सुरभिमयी जयमाला!' 'आँसू' के अन्तिम अंशों में पहुँचकर कवि का विरह-भाव सार्वभौम वेदना में रूपान्तरित हो जाता है। यहाँ कवि का अनुभव इतना सघन हो उठता है कि उसे प्रकृति में और मानवता में, जहाँ कहीं पीड़ा दिखती है (मानव कुमुदों का रोना, बौने जलनिधि का हाहाकार मचाना, ज्वालामुखियों का मुँह सिये ताप झेलना, मधुकर की कली से मनमानी, फिर चिरवंचित भूखों की प्रलय दशा) वह उसे अपनी वेदना का ही रूप लगती है। यह वेदना का अद्वैत है। इन सारी पीड़ाओं के तत्त्व में उसे रचना की उपलब्धि होती है—

सबका निचोड़ लेकर तुम
सुख से सूखे जीवन में
बरसो प्रभात हिमकन-सा
आँसू इस विश्व-सदन में।

'आँसू' की सघन वेदना में से भी निराशा का स्वर नहीं उपजता, उसमें से विराट् रचना-आस्था फूटती है। वेदना के आलोक का सर्वव्यापी प्रसार

महादेवी ने एक-दूसरे स्तर पर आत्मीयता से चित्रित किया है—'सब आँखों के आँसू उजले, सबके सपनों में सत्य पला।'

छायावाद के विशिष्ट काव्यों और लम्बी कविताओं के अतिरिक्त छोटे गीतों और कविताओं में भी मूलतः पुनर्जागरण की चेतना अन्तर्व्याप्त दिखायी देती है। सबसे बड़ी बात यहाँ है ऐहिक जीवन और शरीर का महत्त्व, जिसे मध्यकालीन सन्तों और कवियों ने पानी का बुलबुला और काग-गीध का भोजन कहा था। ऐहिकता में यह आस्था आगे मानवीय आत्मविश्वास का आधार बनती है। सुमित्रानन्दन पन्त एक छोटी-सी कविता में, जो छायावाद के मुख्य काल के बाद में 1956 में लिखी गयी है, मानव शरीर के प्रति सबसे पहले कृतज्ञता-ज्ञापन करते हैं—

मैं कृतार्थ हूँ, देह, तृणों के लघु दोने में,
तुम मेरी आत्मा का पावक करती धारण!

देह के दोने में आत्मा के पावक का बिम्ब शरीर की शक्ति को प्रमाणित करता है। 'कामायनी' के श्रद्धा सर्ग में ऐहिक जीवन में इसी आस्था और श्रद्धा का आख्यान प्रसाद ने किया है—

काम मंगल से मण्डित श्रेय
सर्ग, इच्छा का है परिणाम;
तिरस्कृत कर उसको तुम भूल
बनाते हो असफल भवधाम!

हमारी संस्कृति में शरीर और संसार की महत्ता एक बार फिर से स्थापित करने में छायावाद का योगदान केन्द्रीय है। मध्यकालीन कवि के लिए संसार 'पचड़ा' था, आधुनिक युग का छायावादी कवि संसार में 'आनन्द' की सम्भावना देखता है। 'कामायनी' और 'कृतज्ञता' दोनों में संसार और देह के प्रति कृतज्ञता की भावना से आरम्भ करके कवि आनन्द की भाव-भूमि तक पहुँचता है—

चेतनता एक विलसती आनन्द अखण्ड घना था!

(कामायनी)

× × ×

प्रिय आनन्द, छन्द तुम मेरे, आत्मा के स्वर!

(कृतज्ञता)

यह छायावादी काव्य की मुख्य रचना-भूमि है और अपने ऐतिहासिक काल के बाहर भी सक्रिय होने पर छायावादी कवि यहाँ पहुँच पाता है।

छायावादी काव्य में शक्ति के आवाहन का एक और रूप जागरण-गीतों में मिलता है। पुनर्जागरण चेतना की बड़ी सूक्ष्म और प्रीतिकर अभिव्यक्ति इन गीतों में हुई है। मनुष्य की और प्रकृति की भी—सुप्त चेतना को जगाने का उपक्रम यहाँ कवि ने सामान्यतः प्रशमित और कभी-कभी ओज की मुद्रा में किया है। छायावादी काव्य में एक बड़ी संख्या इन प्रभाती और जागरण गीतों की है। 'प्रथम प्रभात', 'आँखों से अलख जगाने को', 'अब जागो जीवन के प्रभात!', 'बीती विभावरी जाग री!' (प्रसाद), 'जागो फिर एक बार', 'प्रिय, मुद्रित दृग खोलो!', 'जागा दिशा-ज्ञान', 'जागो, जीवन धनिके!' (निराला), 'जाग बेसुध जाग', 'जाग तुझको दूर जाना!' (महादेवी), 'प्रथम रश्मि', 'ज्योति भारत' (सुमित्रानन्दन पन्त) जैसी अनेक जागरण की कविताएँ अनायास स्मरण हो आती हैं। इनमें से कुछ गीतों में व्यक्तिगत प्रणय और राष्ट्र जागरण के भाव एक-दूसरे में घुल-मिल गये हैं। मानवीय प्रणय और देश-प्रेम का संश्लिष्ट रूप वस्तुतः छायावादी काव्य से पहले ही श्रीधर पाठक, रामनरेश त्रिपाठी आदि स्वच्छन्दतावादी कवियों की रचनाओं में मिलने लगता है; त्रिपाठी के खण्डकाव्य 'पथिक' और 'स्वप्न' का विधान मुख्यतः इसी वस्तु पर विकसित हुआ है। मुख्य बात यह है कि छायावादी काव्य के इस बहुत बड़े अंश में पुनर्जागरण की चेतना सीधे लहराती है। गीतों के अतिरिक्त लम्बी कविताओं के खण्डों में जागरण का यह स्वर गूँजता है। 'आँसू' के बाद के हिस्से में एक पूरे-का-पूरा खण्ड प्रातःकालीन बिम्बों के बीच जागरण-बेला का चित्रण करता है—

वह मेरे प्रेम विहँसते
जागो, मेरे मधुबन में,
फिर मधुर भावनाओं का
कलरव हो इस जीवन में!
मेरी आहों में जागो
सुस्मित में सोने वाले!
× × ×
है जन्म-जन्म के जीवन
साथी संसृति के दुख में;
पावन प्रभात हो जावे
जागो आलस के सुख में!

इसी प्रकार का जागरण-स्वर 'तुलसीदास' के समापन-अंश में उभरता है—

'जागो, जागो, आया प्रभात,
बीती वह, बीती अन्ध रात,
झरता भर ज्योतिर्मय प्रपात पूर्वाचल;
बाँधो, बाँधो किरणें चेतन,
तेजस्वी, हे तमजिज्जीवन;
आती भारत की ज्योतिर्धन महिमाबल!

लम्बी और छोटी कविताओं और गीतों की बन्दिश में, विरह और प्रेम और आनन्द की विविध भाव-भूमियों में सर्वत्र एक ज्योति और जागरण की चेतना स्पन्दित है। इस तरह अपने व्यक्तिगत प्रणय और राष्ट्र-प्रेम की अनुभूति में और उनके संश्लेष में छायावाद मूलतः शक्ति-काव्य है।

यहाँ शक्ति-काव्य का सामान्य-साधारण अर्थ 'राष्ट्रीय काव्य' नहीं लगाना है। इस सन्दर्भ का उद्देश्य राष्ट्रीय काव्य के महत्त्व को कम करना नहीं है, पर छायावादी काव्य में राष्ट्र जागरण से अधिक समग्र चेतना का जागरण और आवाहन है, उसमें अन्तर्निहित शक्ति के विकास का रचनात्मक उपक्रम है। यहाँ राष्ट्रीय से अधिक सम्पूर्ण सांस्कृतिक जागरण प्रधान है, राष्ट्रीय जागरण वस्तुतः सांस्कृतिक जागरण के अंग रूप में आता है, जो पुनर्जागरण की मूल धारा के अनुरूप है। यों कह सकते हैं कि छायावाद की राष्ट्रीयता में आधार राजनीति की अपेक्षा संस्कृति है। राजा राममोहन राय से लेकर महात्मा गाँधी तक पुनर्जागरण का स्वरूप मूलतः सांश्लिष्ट है, वह समग्र मानवीय और भारतीय व्यक्तित्व के विकास के लिए प्रयासशील रहा है। और पुनर्जागरण अवरुद्ध वहीं हुआ है जहाँ राजनीति को गलत अनुपात में महत्त्व मिल गया।

छायावादी काव्य पर जहाँ अतिभावुकता, सूक्ष्मता और वायवीयता के आरोप लगाये गये हैं वहीं उसमें पलायनवाद को ढूँढ़ निकाला गया है। समीक्षा-ग्रन्थों में विविध वादों के अन्तर्गत जहाँ छायावाद, रहस्यवाद, प्रगतिवाद आदि की चर्चा होती है वहाँ पलायनवाद का भी उल्लेख किया जाता है और अनिवार्यतः प्रसाद की एक ही पंक्ति बार-बार उदाहरण रूप

बिना इस पूरी कविता को समझे यह आरोप सम्पूर्ण छायावादी काव्य पर लगा दिया जाता है कि उसमें जीवन के संघर्ष से पलायन करने की वृत्ति है। हिन्दी समीक्षा की दिलचस्प गड्डलिकाओं में से एक यह है। इस कविता में विश्राम की मुद्रा का चित्रण है या पलायन की आकांक्षा है, यह समझने का प्रयत्न नहीं किया गया। विश्राम तो श्रम का पूरक है और पलायन कर्म, श्रम, संघर्ष से भागना है। 'कर्म का भोग, भोग का कर्म' के माध्यम से कर्म और भोग की संश्लिष्ट तथा आधुनिक सन्दर्भ में नयी दृष्टि प्रस्तुत करनेवाले कवि के लिए इससे बड़ी विडम्बना की बात और क्या हो सकती है कि उसे पलायनवादी करार दिया जाये। गीता को केन्द्र में रखकर गतिशील हुए पुनर्जागरण आन्दोलन में निष्काम कर्म के स्थान पर कर्मभोग के संश्लेष को प्रस्तावित कर सकना प्रसाद-जैसे समर्थ रचनाकार के लिए ही सम्भव था। गीता की मूल दृष्टि को प्रशस्त कर पाना वस्तुतः किसी भी भारतीय लेखक और विचारक के लिए स्पृहणीय है।

यहाँ प्रसाद की उपर्युक्त 'दुर्नाम' कविता का कुछ विश्लेषण अपेक्षित होगा। जैसा कहा गया, इस गीत में पलायन की नहीं, विश्राम की मनःस्थिति का चित्रण हुआ है। और कवि का यह विश्राम-स्थल भी वायवीय और काल्पनिक नहीं, यथार्थ और सत्य है—

जिस गम्भीर मधुर छाया में—
विश्व चित्रपट चल माया में—
विभुता विभु-सी पड़े दिखायी,
दुःख-सुख वाली सत्य बनी रे!

दुःख और सुख से युक्त, लीला-जैसा परिचालित यह संसार ईश्वर की तरह ही सत्य दिखायी पड़े, यही कवि की कामना है। पलायन की मनःस्थिति होती तो फिर यहाँ इस वांछित गन्तव्य स्थल में दुःख का उल्लेख क्यों होता? पर प्रसाद को संसार के विकास के लिए दुःख-सुख की द्वन्द्व-प्रक्रिया आवश्यक मानते हैं। श्रद्धा सर्ग में श्रद्धा मन को समझाती है-'यही दुःख-सुख विकास का सत्य।' कवि की यही दृष्टि उसके विश्राम-प्रदेश में भी रूपायित हुई है। गीत के अन्तिम छन्द में तो

श्रम-विश्राम क्षितिज-वेला से—
जहाँ सृजन करते मेल से—
अमर जागरण ऊषा नयन से—
बिखराती हो ज्योति घनी रे!

'श्रम-विश्राम को कवि ने कर्म-भोग के युग्म सदृश्य ही माना है। श्रम और विश्राम, कर्म और भोग मिलकर मेला-जैसे उल्लास की सृष्टि करते हैं और उषा अमर जागरण का सन्देश देती है। यहाँ पलायन की मुद्रा नहीं, विश्राम से तरोताजा व्यक्ति की श्रम और सृजन के लिए उत्फुल्ल चेटा है, संसार के जीवन में रुचि और आस्था का उद्घोष है।

कुछ समीक्षक और रचनाकारों ने, जिनमें रामधारीसिंह 'दिनकर' और गजानन माधव मुक्तिबोध का नाम लिया जा सकता है, यह माना है कि प्रसाद ने 'कामायनी' में जिस कर्म सिद्धान्त को प्रतिज्ञा रूप में रखा है, अन्ततः वे उसका निर्वाह नहीं कर सके हैं, क्योंकि मनु और श्रद्धा को उन्होंने कर्म-क्षेत्र से हटाकर कैलास-प्रदेश में भेज दिया है। एक निगाह में देने पर आपत्ति जायज लगती है। इस सम्बन्ध में विवेचन 'कामायनी का पुनर्मूल्यांकन' में हो चुका है, उसकी पुनरावृत्ति अब यहाँ अनावश्यक लग सकती है। इतना संकेत जरूर किया जा सकता है कि 'कामायनी' का कथानक परम्परित काव्यों-जैसा स्थूल घटना-प्रधान नहीं है। मुक्तिबोध ने स्वयं इस बात को अपने ढंग से पूर्व पक्ष में समझा-समझाया है, पर उत्तर पक्ष में भूल गये हैं। 'कामायनी' में वस्तुतः कथानक का जो स्थूल रूप है भी वह सर्वत्र रचनाकार के सूक्ष्म अभिप्राय से अनुशासित है। कथा के स्तरों की इस टकराहट से अर्थ सक्रिय होता है और रचना में ऊर्जा विमुक्त होती है। यह प्रक्रिया सृजन, और फिर आस्वादन तथा आलोचना में बराबर चलती रहती है रचना के क्षण को इतिहास का अनन्त विस्तार देती हुई। रचना, आलोचना और इतिहास यों एक प्रवहमान् अर्थ-प्रक्रिया का अंग हो जाते हैं। सृष्टि अर्थ से सम्पन्न होकर सर्जन बन जाती है।

●